国家级一流本科专业建设配套教材

商务翻译实用教程

BUSINESS TRANSLATION:
A PRACTICAL COURSE

鲁伟 编著

清华大学出版社
北京

内 容 简 介

本书旨在让学生了解基本的商务文本知识、掌握实用的商务翻译技能。各章节总体上以国际业务中常见的商务文本为线，贯穿基本的翻译理论、方法和技巧，注重商务翻译的实用性，同时适当渗透人文、理论等方面的素养。书中商务文本语料原汁原味、贴近时代，理论讲解切中肯綮、深入浅出，译例分析思路清晰、详尽透彻，有利于学习者的知识扩展、思维启发和能力提升。本书还设计了配套的教学大纲和电子课件作为教学参考（下载地址：www.tsinghuaelt.com），并配有线上的单元知识检测题，让学生及时巩固各章节的知识。

本书适合作为商务英语专业和翻译专业本科生或研究生的商务笔译等专业核心课程教材，商务翻译爱好者及从事翻译教学与研究的教师等也可用来学习或参考。

版权所有，侵权必究。举报：010-62782989，beiqinquan@tup.tsinghua.edu.cn。

图书在版编目（CIP）数据

商务翻译实用教程 / 鲁伟编著. —北京：清华大学出版社，2024.5
国家级一流本科专业建设配套教材
ISBN 978-7-302-66247-1

Ⅰ.①商… Ⅱ.①鲁… Ⅲ.①商务—英语—翻译—高等学校—教材 Ⅳ.① F7

中国国家版本馆 CIP 数据核字（2024）第 096529 号

责任编辑：刘 艳
封面设计：李伯骥
责任校对：王荣静
责任印制：刘 菲

出版发行：清华大学出版社
网　　址：https://www.tup.com.cn, https://www.wqxuetang.com
地　　址：北京清华大学学研大厦 A 座　邮　编：100084
社 总 机：010-83470000　邮　购：010-62786544
投稿与读者服务：010-62776969, c-service@tup.tsinghua.edu.cn
质量反馈：010-62772015, zhiliang@tup.tsinghua.edu.cn

印 装 者：三河市少明印务有限公司
经　　销：全国新华书店
开　　本：185mm×260mm　印　张：14.5　字　数：325 千字
版　　次：2024 年 6 月第 1 版　印　次：2024 年 6 月第 1 次印刷
定　　价：62.00 元

产品编号：106471-01

前　　言

随着全球化的进一步发展，国际商务活动越来越频繁，而国际商务活动必然离不开翻译这一桥梁和纽带。尽管当前机器翻译在某些领域的翻译质量得到了很大的提高，但一些特定领域、特定主题的翻译仍然离不开人的参与，尤其是在国际商务活动这种人际交流频繁的场景中，更是需要通过人工翻译来保证信息和情感的准确和及时传递。因此，市场上对商务翻译人才的需求一直比较旺盛。为了适应时代需求，截至目前，我国已有436所高校获教育部批准开办商务英语本科专业，其中不少高校也已开始招收培养商务英语专业的硕士和博士研究生，该专业的课程设置中也大多包含与商务翻译相关的课程。

商务翻译涉及的领域很广，如贸易、经济、财政、金融、保险、管理、产品等，但高校开设的课程受课时等因素的限制，不可能让学生接触商务翻译的所有领域，只能集中于基本商务翻译能力的培养，从而为他们今后从事相关工作打下坚实的基础。基本商务翻译能力应该至少包括商务主题知识、策略能力等组成要素，而要实现商务主题知识和策略能力的有机融合，通过一些具体商务文本的翻译实践逐步领会基本的翻译理论、方法和技巧，或许是一种比较有效的途径。

基于以上理念，本书立足于笔者多年的实践和教学经验，广泛吸纳国内外相关研究成果，试图在厘清商务翻译这一基本概念的基础上，从实用的角度出发，进一步明晰其核心内容，让学生对一些常见的商务文本以及其中蕴含的商务主题知识有着较为直观认识的同时，掌握一些基本的翻译理论、方法和技巧，进而形成正确的翻译观，并具备一定的能力去发现、分析和解决一些商务翻译问题，以便今后在实践中进一步提升商务翻译能力。为此，本书各章节总体上以商务文本为线，贯穿基本的翻译理论、方法和技巧，并在编写过程中努力做到以下几点：

1. 紧密结合当前国际商务活动中经常生产和接收的商务文本，尽量使商务主题知识与基本的翻译理论、方法和技巧融为一体，并根据具体语境适当拓展传统的翻译概念，使学生具备基本商务翻译能力后更快地适应商务翻译市场的需要。

2. 具体而微地分析商务文体的不同体裁，避免仅仅笼统而模糊地探讨商务文体的特征，从而使学生对商务语篇产生较为直观的认识，并根据具体语境灵活决定所要采取的翻译策略。

3. 广泛搜集材料并进行严格审核，保证源文原汁原味，译文准确、通顺、规范，潜移默化地帮助学生形成正确的翻译观，养成严肃认真的翻译习惯。

商务翻译实用教程
Business Translation: A Practical Course

4. 为每种常见的商务文本提供有一定难度的英文语篇用作实例精解精译，使学生详细了解具体翻译过程中可能遇到的问题，进而启发学生的思考，提高他们解决实际问题的能力。

5. 精心设计有针对性的翻译练习，力求做到少而精，既有利于学生对基础知识和技能的掌握，又有利于教师的课时安排。

本书的主要特点是注重商务翻译的实用性，同时适当渗透人文、理论等方面的素养。全书共十章，第一章简略回顾中西方翻译史，厘清商务翻译这一概念，介绍商务翻译的特点、基本标准、基本过程等，旨在让学生从宏大的历史语境了解商务翻译，并从理论上领会如何做好商务翻译。第二章至第十章聚焦一些实用商务文本的翻译，每章都包含三节：第一节是基本常识，主要让学生了解相关商务文本，并从语篇角度明确对应译文通常要达到的功能；第二节是适用于商务翻译的理论、方法与技巧，除第二章中的基本翻译理论较为抽象外，其余各章中的翻译方法与技巧均具有较强的可操作性；第三节是实例精解精译，选取具有一定代表性的文本，以注释形式详细讲解其中的语言难点、商务知识、翻译思路等，并提供参考译文。另外，为让学生进一步巩固相应的知识和技能，每章后面还结合所讲授的内容配上了一定的翻译练习。

基本常识和实例精解精译一般用于学生在课前与课后的自学。需要注意的是，学生自学实例精解精译时，不能将其当作普通阅读材料用，而应先通读源文全文，结合注释对源文进行透彻的理解，思考翻译时应该采取的方法和策略，在不看参考译文的情况下尝试产出自己的译文，然后再对照参考译文总结自己在翻译过程中的得失。在课堂上，教师可以重点向学生讲授基本的翻译理论、方法和技巧，并根据具体情况，结合相关知识对一些翻译练习进行讨论，适时启发学生积极思考，逐步让学生从整体上把握而不是孤立地学习具体的翻译方法和技巧，真正做到学以致用。在课时允许的情况下，教师也可以和学生一起讨论实例精解精译。

在本书编写过程中，笔者所任教的江西师范大学给予了极大支持，教务处将本书作为本科规划教材进行立项，国际教育学院的领导不时关心编写的进展情况，并提供各种便利，以使编写工作顺利进行。四川外国语大学当代中国研究院冉诗洋副教授、澳门大学人文学院李德凤教授等对一些细节问题提出了中肯的意见和建议。笔者在此对他们表示衷心的感谢，也期待本书的出版发行能为我院商务英语的国家一流本科专业建设贡献绵薄之力。

本书适合商务英语专业本科生、翻译专业本科生、商务翻译研究方向的研究生、商务翻译爱好者、从事翻译教学与研究的教师等作为学习或参考用书。另外，为了给教学提供一些参考，本书还设计了配套的教学大纲和电子课件（读者可以从www.tsinghuaelt.com免费下载），并配有线上的单元知识检测题，让学生及时巩固各章节的知识。由于笔者学识有限，书中可能会有一些错误或疏漏之处，希望读者及译界行家多多批评指正。

编者

2024年4月

目　录

第一章　商务翻译概论 ………………………………………………………… 1
　一、翻译与商务翻译 ………………………………………………………… 3
　二、商务翻译的特点 ………………………………………………………… 5
　　2.1　时限性强，工作量大 ………………………………………………… 5
　　2.2　目的明确单一 ………………………………………………………… 5
　　2.3　译文选词用字讲究，语体风格正式 ………………………………… 6
　三、商务翻译的基本标准 …………………………………………………… 6
　　3.1　准确 …………………………………………………………………… 7
　　3.2　通顺 …………………………………………………………………… 8
　　3.3　规范 …………………………………………………………………… 9
　四、商务翻译的基本过程 …………………………………………………… 10
　　4.1　理解 …………………………………………………………………… 10
　　4.2　表达 …………………………………………………………………… 10
　　4.3　审核修改 ……………………………………………………………… 11
　五、如何做好商务翻译 ……………………………………………………… 11

第二章　商务信函的翻译 ……………………………………………………… 15
　第一节　基本常识 …………………………………………………………… 17
　　1.1　什么是商务信函 ……………………………………………………… 17
　　1.2　英文信函的结构 ……………………………………………………… 17
　　1.3　英文信函的书写格式 ………………………………………………… 19
　　1.4　现代中文信函的结构与书写格式 …………………………………… 22
　第二节　基本翻译理论 ……………………………………………………… 24
　　2.1　商务翻译的理论基础 ………………………………………………… 24
　　2.2　翻译的类型、方法与策略 …………………………………………… 26
　第三节　实例精解精译 ……………………………………………………… 29
　　3.1　卡片形式的邀请信（请柬） ………………………………………… 29
　　3.2　现代英文商务交易信函 ……………………………………………… 31

第三章　商务会务文书的翻译 ………………………………………………… 39
　第一节　基本常识 …………………………………………………………… 41

		1.1 商务会务文书的定义	41
		1.2 商务会务文书的框架结构	41
	第二节	翻译方法与技巧	46
		2.1 商务会务文书的特点	46
		2.2 常用的翻译方法与技巧	46
	第三节	实例精解精译	54

第四章　产品说明书的翻译 …… 61

	第一节	基本常识	63
		1.1 产品说明书的定义	63
		1.2 产品说明书的框架结构	63
	第二节	翻译方法与技巧	65
		2.1 产品说明书的特点	65
		2.2 外来专有名词的译法	66
		第三节　实例精解精译	70

第五章　商务广告的翻译 …… 77

	第一节	基本常识	79
		1.1 商务广告的定义	79
		1.2 商务广告的构成要素	79
	第二节	翻译方法与技巧	81
		2.1 商务广告翻译的理论要点	81
		2.2 商务广告的特点	82
		2.3 修辞手法的翻译	85
		2.4 译创	89
	第三节	实例精解精译	90

第六章　信用证的翻译 …… 97

	第一节	基本常识	99
		1.1 信用证的定义	99
		1.2 信用证的类别	100
	第二节	翻译方法与技巧	102
		2.1 信用证的特点	102
		2.2 英语长句的翻译	104
	第三节	实例精解精译	111

第七章　商务合同的翻译 …… 119

	第一节	基本常识	121
		1.1 商务合同的定义	121

　　　　　1.2　商务合同的类别 ··· 122
　　　第二节　翻译方法与技巧 ·· 124
　　　　　2.1　商务合同的特点 ··· 124
　　　　　2.2　定语从句的翻译 ··· 128
　　　第三节　实例精解精译 ·· 133

第八章　招股说明书的翻译 ·· 141
　　　第一节　基本常识 ·· 143
　　　　　1.1　招股说明书的定义 ······································· 143
　　　　　1.2　证券交易所及证券管理机构 ······························ 143
　　　　　1.3　招股说明书的基本内容 ·································· 144
　　　第二节　翻译方法与技巧 ·· 147
　　　　　2.1　招股说明书的特点 ······································· 147
　　　　　2.2　被动句的译法 ··· 149
　　　第三节　实例精解精译 ·· 153

第九章　上市公司年报的翻译 ·· 163
　　　第一节　基本常识 ·· 165
　　　　　1.1　上市公司年报的定义 ···································· 165
　　　　　1.2　上市公司年报的基本内容 ································ 165
　　　第二节　翻译方法与技巧 ·· 167
　　　　　2.1　上市公司年报的特点 ···································· 167
　　　　　2.2　数量表达的译法 ··· 168
　　　第三节　实例精解精译 ·· 176

第十章　商务新闻的翻译 ·· 183
　　　第一节　基本常识 ·· 185
　　　　　1.1　商务新闻的定义 ··· 185
　　　　　1.2　商务新闻的主要结构 ···································· 185
　　　第二节　翻译方法与技巧 ·· 187
　　　　　2.1　商务新闻的特点 ··· 187
　　　　　2.2　商务新闻翻译中的语篇调整 ······························ 189
　　　第三节　实例精解精译 ·· 197

主要参考书目 ·· 205
参考答案 ·· 207

第一章
商务翻译概论

第一章 商务翻译概论

一、翻译与商务翻译

翻译作为人类进行文化、艺术、政治、经济、科技等方面交流的重要手段之一，是一项极其古老的活动。理论上讲，自从有了人类，就有了语言，也就有了翻译。若考究人类历史上文字翻译的痕迹，则最早可以追溯到五六千年以前。

公元前3000年，在埃及古王国时期（the Egyptian Old Kingdom），位于伊里芬丁岛（又译"象岛"）的第一大瀑布地区，就出现了用两种语言刻写的碑文，这便是人类历史上最早的文字翻译的痕迹（Newmark, 1981: 3）[1]。西方大规模的翻译活动可视为始于公元前3世纪前后，当时72名犹太学者会聚到埃及，将《圣经·旧约》(Old Testament) 从希伯来语翻译成希腊语，这就是著名的《七十子希腊文本》(Septuagint)。在欧洲本土，罗马在军事、政治上征服了希腊，但由于希腊文化优于罗马文化，从公元前3世纪中叶起，罗马人便开始大规模地翻译希腊的典籍，荷马史诗《奥德赛》和大量希腊戏剧开始被翻译成拉丁语，发生在西方本土的翻译史也由此揭开第一页。此后，翻译又经过了几个比较重要的阶段。罗马帝国末期至中世纪初期，即公元4—6世纪，《圣经》被不断翻译成拉丁语和其他民族语言，最负盛名的圣哲罗姆《通俗拉丁语圣经》(The Vulgate) 便产生于这一时期。中世纪中期，即公元11—12世纪，由于基督徒和穆斯林的友好接触，大量阿拉伯语作品在西班牙的托莱多（Toledo）被翻译成拉丁语，也使托莱多成为欧洲的学术中心。公元14—16世纪，欧洲发生了文艺复兴运动，翻译也迎来了大发展，深入到宗教、文学、思想、政治、哲学等各个领域。第二次世界大战以后，随着西方经济与科技的飞速发展，翻译的范围、规模、作用等都远超以往任何阶段：翻译不再集中于传统的宗教和文学领域，而是扩大到其他诸多领域，尤其是科技、商业等领域；翻译不再是少数文豪巨匠的工作，而是成为一种职业，越来越多受过专门训练的译员都已加入这一职业队伍，承担着各种各样的翻译任务；各国在经济、文化、科技等方面的交流与发展，也越来越离不开翻译的推动。

翻译在中国的历史同样源远流长。《礼记·王制》载："五方之民，言语不通，嗜欲不同。达其志，通其欲，东方曰'寄'，南方曰'象'，西方曰'狄鞮'（dídī），北方曰'译'。"《册府元龟·外臣部·鞮译》载："周公居摄三年，越裳以三象胥重译而献白雉，曰：'道路悠远，山川阻深，音使不通，故重译而朝。'"从这些古代典籍中的只言片语中我们可以推知，早在西周时期（公元前1046—前771年），翻译已经在中国比较活跃了。当然，当时翻译还没有形成规模，并且以口译为主要形式，笔译只是零星地出现，但从这些零星的笔译中流传下来了一首曾对《楚辞》的形成起过重大影响的脍炙人口的《越人歌》：

---

[1] 纽马克这里没有讲明该碑文是用哪两种语言刻写的。比该碑文晚的最著名的古代文字翻译是保存于大英博物馆的罗塞塔石碑（Rosetta Stone），制作于公元前196年，上面用古希腊文、古埃及象形文字和当时的通俗体埃及文字刻了同样的内容，对比石碑上的源文和译文，近代考古学家找到了解读失传千余年的古埃及象形文字的钥匙。

商务翻译实用教程
Business Translation: A Practical Course

> 今夕何夕兮？
> 搴中州流。（又作"搴舟中流"）
> 今日何日兮？
> 得与王子同舟。
> 蒙羞被好兮，
> 不訾诟耻。
> 心几玩（同"顽"，又作"烦"）而不绝兮，
> 得知王子。
> 山有木兮，
> 木有枝。
> 心说（同"悦"）君兮，
> 君不知。

《越人歌》产生于春秋时期（公元前770—前476年），是一首非常优美的译诗，也是目前发现的我国历史上最早的笔译。大规模的笔译在我国始于公元2世纪的佛经翻译。东汉桓帝建和二年（公元148年），安息国太子安世高来华，在洛阳开始较大规模的译经活动。此后，我国的佛经翻译在魏晋南北朝时期有了进一步的发展，到唐朝时期达到鼎盛，北宋时期开始式微，元朝以后则基本销声匿迹。东汉至唐宋时期的佛经翻译是我国历史上的第一次翻译高潮。第二次翻译高潮一般认为是明末清初的科技翻译。一些西方传教士与一批开明的士大夫合作，翻译出版了大量西方科技书籍，内容涉及数学、天文、物理、地质、生物、医学、军事等诸多学科领域，如利玛窦与徐光启合译的欧几里得《几何原本》等。第三次翻译高潮一般认为是鸦片战争后至"五四运动"前的西学翻译。首先，在洋务派的影响下，清政府组织一批学者翻译了大量西方自然科学的书籍，后来在维新派的影响下，一些有远见的知识分子翻译了一些西方政治学、经济学、社会学、文学等方面的著作。"五四运动"以后，我国的翻译事业不断朝向纵深发展，翻译的范围涉及政治、文学、艺术、科技、文化、教育、新闻、法律、商业等社会生活的各个方面，翻译的语种也大大增加，汉外互译的译作数量之丰，也是前所未有。

从以上简略回顾可知，在漫长的翻译史中，占据主导地位的是宗教和文学的翻译，其他领域的翻译在历史长河中可谓沧海一粟。由此可以推断，商务翻译，或者更确切地说，与商业有关的文字翻译，只是在近代以来才登上历史舞台。然而，其在现今国际交往中的作用却越来越重要。2020年11月15日，区域全面经济伙伴关系（Regional Comprehensive Economic Partnership，RCEP）正式签署，国际贸易迎来新的大发展，这意味着商务翻译业务将在翻译市场中占据越来越多的份额，商务翻译也亟待更多的人来学习和研究。

虽然目前许多高校都开设了商务翻译课程，但在如何界定商务翻译、商务翻译包括哪些核心内容等问题上，尚未形成较为统一的认识。为限定本书的编写范围，方便学习与研究，在这里我们不妨首先尝试澄清一下这些问题。在英语里，有两个相关的

概念，分别是 commercial translation 和 business translation。前者可译为"商业翻译"，一般指在商业职能和产品工作流程中所产生和使用的产品资料的翻译，也通常被宽泛地理解为商业领域进行的一切翻译，其内容与科技翻译、法律翻译、新闻翻译、本地化等专门领域的翻译存在部分交叉（Gambier & Doorslaer, 2010: 41-44），涉及范围相对较广。后者可译为"商务翻译"，一般指商务素材或商务文本的翻译，有学者将其分为经济、管理、产品、财经金融、市场营销五大类（Altarabin, 2022: 1），涉及范围相对较小。我们通常所说的商务翻译，一般可视为商业翻译的子类。对专注于全球市场的公司来说，需求更多，也更为实用的商务翻译，往往涉及在国际业务中生产和接收的商务文本，如商务信函、产品说明书、商务广告、商务合同、上市公司年报等，而这些涉及的范围可能比上述的五大类要更小。本书即从更实用的角度出发，所编排的内容可以理解为更狭义的商务翻译。

二、商务翻译的特点

无论是广义的还是狭义的商务翻译，都涵盖了较为复杂的类别，不同类别面临的主要问题也通常各具特色。尽管如此，商务翻译仍可以大致归纳出以下几个特点。

2.1 时限性强，工作量大

有学者指出，大多数商务文本的译文生产都受到时间约束，有时甚至似乎不可能在截止日期前完成，并且翻译成本也很高（Chiper, 2002: 215-233）。不难想象，商务翻译的时限性非常强，其巨大工作量也是导致翻译成本较高的主要原因。由于商务翻译的发起人通常是一些企业，而企业为了经济效益，必然希望尽早抢占市场先机，不断拓展业务量，同时，为使客户获取充分信息，尽可能避免争端，有些商务文本往往需要包含丰富翔实的内容，这些都要求从事商务翻译的译者在很短的时间内完成大量的翻译任务。因此，在商务翻译的实际工作中，译者必须控制好时间，倘若出现延误，即使译文再漂亮，其应有的价值也会顿时尽失。要做好商务翻译，翻译速度快是必备条件之一。当然，翻译速度快并不能一蹴而就，商务翻译的初学者很有必要打好翻译基础、提高翻译能力，否则欲速则不达；在具备一定的翻译能力之后，可进一步学习一些翻译技术，以更有效地提高翻译速度，更好地应对商务翻译工作的挑战。

2.2 目的明确单一

翻译本身就是一项目的性很强的活动，但有些翻译的目的比较复杂，就文学翻译而言，可能有单纯介绍作家作品、促进文化沟通交流、优化丰富译入语、实现社会效益等各种目的，不同的目的可能促使译者针对同一文本采取不同的翻译策略，进而形成同一译入语的不同译本。商务翻译则一般只需在同一译入语中形成一个译本，其目的相对比较明确单一，即及时准确地为个人或企业提供必要信息，保证利益相关方通过跨语言、跨文化的沟通交流实现预期的经济效益。这是非常现实的目的。为此，商务翻译往往要求译者根据具体情况综合运用各种翻译策略，以在规定的时限内促进商务往来各方的沟通交流，使商务活动得以顺利开展。

2.3 译文选词用字讲究，语体风格正式

商务翻译务必体现商务文本的特点。有些商务文本旨在与客户沟通交流并提供产品信息，如商务信函、产品说明书、招股说明书等；有些商务文本不仅提供产品信息，还力求吸引客户的注意，如商务广告、上市公司年报等；还有些商务文本具有一定的法律约束力，如商务合同、信用证等。不管哪种商务文本，大都讲究选词用字准确无误，其中也包括专业词汇，而这些专业词汇不仅包括商务用语，还包括其他领域的词汇，例如法律词汇、科技术语等。在语体风格方面，商务文本大都比较正式，往往给人一种凝练端庄的感觉。然而，这并不意味着商务文本都很冰冷乏味。有些商务文本也不乏艺术感染力，如商务广告中多见一些新颖奇特的词汇，并通常运用比喻、双关、对偶等修辞手法来加深读者对产品的印象。另外，由众多部分组成的商务文本中的某些部分也比较讲究修辞，如上市公司年报的非财务报告部分。

三、商务翻译的基本标准

商务翻译的历史很短，其本身也不能成为一个自成体系的独立王国，因此，要处理商务翻译面临的各种实际问题，必须以传统的翻译研究为根基，从中汲取营养，并结合具体的语境进行具体的分析，否则，空谈商务翻译的特点是毫无意义的。

商务翻译首先面临的重要问题是应该为译文设定怎样的标准。从某种意义上说，翻译的传统标准也可以是商务翻译的标准。几千年来，虽然中外许多学者针对翻译的标准这一问题有过激烈的争论，但迄今似乎仍未达成一致意见，也无法找到放之四海而皆准的标准。究其根本原因，在于翻译本身就有一定的目的性，不同的目的，需要翻译实现不同的功能，也就有了不同的标准。例如，我国历史上著名的翻译家严复提出的"信、达、雅"（faithfulness, expressiveness and elegance），尽管一直被奉为翻译的标准，也遭到了不少批评，尤其是对"雅"的批评。人们对"信"几乎没有争议，但并不是意味着"信"就没有问题。"信"即忠实于源文，这在大多数情况下甚至可以上升为译者必须遵循的道德准则，然而，也有不少例外情况需要我们重新考虑。

假如，你在印度尼西亚雅加达向一名当地警察询问某个地方怎么走，而这名警察恰好也不认识路，但他不会简单地说不知道，而是会很详细地指路。他可能会用印尼语说，在下一个公交站后面向右拐，到一个交叉路口向左拐，然后到加油站的对面再向右拐，就可以找到你要去的地方了。你的翻译向你传达这名警察的话时有两种选择，一是绝对忠实地传达原话，二是根据当地文化特点及这名警察指路的言语或非言语特征所透露的信息，直接告诉你：这名警察也不知道怎么走，再去问问别人。究竟该如何选择，相信大家都有明确的答案。这个例子（Nord，1997：1–2）充分说明，绝对忠实于源文的译文有时可能并不是现实需要的译文。除这类比较特殊的具体情境

外，翻译时还可能因不同文化在思维习惯、行文方式等方面的明显差异而需要对源文进行改写，以使译文更好地适应译入语文化，或更好地达到某种目的、实现某种功能。这些情况我们将在后面讲解某些商务文本的翻译时再作详细讨论。当然，必须指出的是，我们这里绝对不是反对把"信"作为商务翻译的一个标准，更不是宣称商务翻译不需要标准，而只是指出很难确定商务翻译的绝对标准。因此，我们设想从比较贴近翻译本质的传统认识和标准出发，根据商务翻译的具体特点，尝试提出商务翻译的基本标准。

对翻译本质的认识通常体现在一些翻译定义中，这里我们不妨介绍几个有代表性的翻译定义。卡特福德认为翻译可以这样定义：一种语言（源语）的文本素材替换为另一种语言（译语）的对等文本素材（Catford，1965：20）。奈达和泰伯的翻译定义是：翻译是在接受语中首先从意义上、其次从文体和风格上，使源语信息得以最接近且自然对等地重现（Nida & Taber，1969：12）。豪斯则将翻译定义为：翻译是把源语文本替换为语义上和语用上都对等的译语文本（House，1977：30）。

以上是几位著名的语言学派翻译理论家给翻译下的定义。从根本上说，语言是人类思维和文化的载体，无论什么翻译，最终都将不可避免地涉及语言问题，因而语言学派的翻译定义相对更贴近翻译本质，对初学者来说，也更适合将之作为起点来理解商务翻译的基本标准。从以上几个定义来看，"对等""替换"等是翻译的关键词。在翻译的传统标准中，大都存在阐释这些关键词的影子，虽然它们在许多方面存在争议，但至少在一点上存在一定的共识，即译文必须和源文存在某种程度的对应。基于这一点，我们认为，商务翻译的基本标准是准确、通顺、规范。

3.1 准确

准确主要指译文必须做到在表述上准确无误，在内容上忠实于源文。此外，准确在商务翻译中还包括术语概念表达确切、数字单位表述精确等。

商务翻译涉及的内容严肃而具体，几乎没有译者自由发挥的空间，如果非常精确、毫无歧义的源文表述在译文中变得模糊不清，或者相反，模糊的源文变成精确的译文，都是不允许的。莎士比亚《威尼斯商人》中就有一个借贷纠纷的典型例子，根据故事情节，安东尼奥和犹太人夏洛克签署的借贷条款中有一条可拟为：

If the Borrower is unable to repay three thousand ducats at the specified date, a pound of the Borrower's flesh shall be taken by the Lender.

译文：如果借款人不能按约定日期偿还三千金币，出借人有权割下借款人身上的一磅肉。

出借人（即犹太人夏洛克）之所以最终败诉，归根结底在于 a pound of the Borrower's flesh 这一表述在字面上非常精确，但没有人能做到割肉时不多不少只割下一磅，且不流一滴血。我们可以从这一故事联想开来，倘若在国际商务交往中这一英文表述被翻译成"约一磅血肉"，并且法庭以中文解释为准，出借人可能不会败诉，然而译者可能就要承担很大的责任了。本例虽然来自文学作品，但通过上述联想我们可以很好地理解准确在商务翻译中的重要性。

商务翻译涉及许多不同的领域，每一个领域都有特定的术语概念，译者在翻译时必须至少熟悉这些术语概念的对应译文，如enquiry（询盘）、quotation（报盘）、open a position（建仓）、close a position（平仓）、long position（多头头寸）、short position（空头头寸）等。不仅如此，同一个词语在不同的领域有不同的解释，译者务必正确辨别其实际意思，否则就会出现误译。例如，occupation permit 一词经常出现于上市公司招股说明书物业估值一节，其意思为"入住许可证"（在中国香港俗称"入伙纸"），而有译者误以为occupation在这里指职业，将之译作"工作许可"，可谓失之毫厘，谬以千里。

为避免日后可能产生的不必要的纠纷，商务翻译中的数字单位表述务必做到精确。负责任的译者往往需要在商务翻译过程中做一些核准工作。例如，见到dollar，译者不能简单地将其译为"美元"，而要根据具体语境确定其到底指什么货币；见到ton，也不能简单地将其译为"吨"，而要确定其到底是英制、美制还是公制单位，英制单位叫长吨（约等于1 016.05公斤，英文通常用long ton），美制单位叫短吨（约等于907.2公斤，英文通常用short ton），公制单位叫公吨（等于1 000公斤，英文有时用tonne或metric ton）。这类例子在商务翻译中比较常见，译者要具备敏锐的洞察力，如果发现源文有任何错漏，也应该告知源文撰稿人，或向其核实。假若源文不慎把5 million写成5，译者不仅要根据上下文将该数字译作"500万"，必要时还必须联系源文撰稿人对源文作出修正。

3.2 通顺

通顺指译文要避免逐字死译、生搬硬套，必须做到语言连贯得体、流畅地道。译文要准确并不意味着译者对源文结构亦步亦趋，译文不能以牺牲通顺为代价，否则不仅可读性不强、令人反感，还可能造成译文读者的误解。例如：

OSIsoft introduced the PI System over 30 years ago, before the term Industrial Internet of Things (IIoT) was coined, and shares over 1,100 case studies that illustrate how companies have benefited from rich sensor streams.

译文一：傲时软件公司在30多年前引进了PI系统，当时还未发明"工业物联网"（IIoT）一词，分享着1 100多个案例研究，说明了公司如何得益于丰富的传感器数据流。

译文二：30多年前，在"工业物联网"这一术语还未发明出来时，傲时软件公司就推出了PI系统。傲时软件公司所分享的1 100多个案例研究说明了丰富的传感器数据流如何使企业获益。

译文三：傲时软件公司在30多年前就推出了PI系统，当时"工业物联网"这一术语还未发明。傲时软件公司所分享的1 100多个案例研究说明了丰富的传感器数据流如何使企业获益。

上例中译文二和译文三都对源文作出了一定程度的调整，从而使译文读起来比较连贯流畅、表意清楚。译文一虽然跟源文的句子结构基本一致，但读起来非常生硬，甚至容易引起歧义或表意不明："分享"是指什么时候分享，30 多年前的"当时"吗？具体又是谁"分享"，特指傲时软件公司还是泛指所有公司？源文中 shares 是一般现在时，肯定不是指 30 多年前的"当时"分享，其主语是 OSIsoft，分享动作的施动者也非常清楚明了。为表意清楚，不妨将源文译为两句，重复主语"傲时软件公司"。另外，introduce 译为"引进"也欠妥当，"引进"在现代汉语中意为"吸收外界优秀人才或先进事物"，强调的是引入已有的人或事物，而非创新。在这里，PI 系统是傲时软件公司首创，并非从别处引入，译为"推出"才符合原意。这个词的翻译说明，如果仅凭字面理解进行直译，或不假思索地选用最熟悉的译法，很可能造成误译，甚至出现搭配不当的错误。下面各句中 dedicate 一词的翻译可进一步阐释这一点：

- It is rather for us to be here dedicated to the great task remaining before us.
- When you're dedicated to your job, your own goals align with those of the company.
- Use these tips to prove you're dedicated to your work.

"奉献给……"是 dedicate 一词最常见的译法，但在中文里"奉献"不能与"任务""工作"等词搭配，因而以上各句中的 dedicate 只能选用"致力于""专注于"等词才符合汉语的搭配习惯。

3.3 规范

规范主要指译文必须合乎译入语文化对应商务文本的行文惯例，以充分履行相关功能，达到商务交流的目的。比如不同文化对某些商务文本的格式、措辞等有着不同的要求，翻译时要根据具体情况作出适当调整。另外，规范还包括对商务文件中的一些关键词采用统一译名（除非其在不同地方有着不同的含义），以免产生歧义或造成不必要的混淆。

商务翻译通常工作量大、时间紧，为了在有限的时间内完成既定任务，一份文件往往要分发给多人同时翻译。为避免因多人翻译而导致译名不统一的情况，相关译者应在翻译前根据比较权威的资料列出一些关键词的通用译名（当然翻译公司或翻译委托人也可能提前做好这一工作），假如某些关键词暂时没有通用译名，则应通过讨论确定最后共同使用的译名。

必须指出的是，商务翻译的基本标准最终以市场对译文的要求为导向。如前文所述，商务翻译的时限性非常强，因而职业商务翻译还应在以上三个基本译文标准之外，再加上"速度""效率"等时效标准。

四、商务翻译的基本过程

对笔译来说，不管翻译什么领域的文本，大都需要经历理解、表达和审核修改三个基本过程。对商务翻译的初学者来说，要使译文做到准确、通顺、规范，必须认真对待每个基本过程。

4.1 理解

在翻译时，译者首先要做到对源文百分之百的理解，这是保证译文准确的必要前提。哪怕是一点点理解错误，都会产生不准确的译文。

例1：

Manufacturing was the star performer of Singapore, expanding output by a hefty 12.3%. Electronics, which contributes more than two-fifths of the country's industrial output, soared 19%. Oil-refining was industry's only dark spot, shrinking 3.9% due to **maintenance shutdowns** and regional competition.

译文：制造业是新加坡的支柱产业，其产量大幅度增长了12.3%。占该国工业产量五分之二以上的电子工业猛增了19%，但炼油是唯一不景气的行业，由于维修公司关闭了不少，加之地区竞争激烈，产量下降了3.9%。

例2：

The advising bank is requested to notify the beneficiary without **adding** their confirmation.

译文：开证行请求通知行通知受益人，没有加剧他们的保兑。

例1的译文虽然意思表达得比较清楚，读起来非常通顺，但将maintenance shutdowns译为"维修公司关闭了不少"，就不禁让人费解："维修公司"跟"炼油业"之间有什么关系？实际上，maintenance shutdowns应译为"停工维护"。

例2的译文不仅两个分句不连贯，而且"加剧"一词让人非常费解，其症结在于对adding一词的理解有误。实际上，adding在这里并不是常见的"增加"之意，而应理解为"补充说"，故可将译文改为："通知行根据要求通知受益人，但不表示保兑。"

4.2 表达

理解与表达通常密不可分，很多时候通过译文的表达可以看出译者是否充分理解了源文。但商务翻译的初学者经常会遇到这种情况：有些时候即使完全理解了源文，也不一定能找到完美的表达，甚至根本不知道如何表达，颇有一种"有货倒不出"的感觉。表达在很大程度上取决于译者的双语转换能力，要提高这种能力，译者不仅要学习一定的翻译技巧，还要注重加强译入语的运用能力。

例 3：

The Government shall facilitate access to the Representative Office for any person, irrespective of nationality, who fulfills any function for the Bank or who is invited by the Bank in connection with any official Bank activities.

译文：政府应为任何履行银行职能或因银行公务活动需要而受到邀请的人（无论其国籍）提供进入代表处的便利。

例 4：

At the request of the correspondent, we confirm their credit and also affirm to you that drafts drawn in conformity with the terms of this credit will be paid by us.

译文：根据通汇银行的要求，本银行确认此信用证，并借此向贵方保证，凡出具符合信用证所列条款的汇票，届时付款。

例 3 的译文虽然在表达上没有太大问题，但读起来比较生硬，意义重心不够突出，同时可能因汉语容纳定语内容的限制，源文中另外两个 any 没有译出，导致表意并不精确。译者如果掌握了翻译定语从句的基本技巧，根据这里的具体语境，将文中定语从句与主句之间的关系看成条件关系，则可以将之更好地表达为："对于任何人，无论国籍，只要其履行银行的任何职能或因银行任何公务活动而受到邀请，政府都应提供进入代表处的便利。"

从例 4 的译文中可以看出，译者还是比较充分地理解了源文，但"确认"一词在这里不是专业的商务表达方式，另外，最后两个分句在衔接上也不太符合汉语语法，不如改为："我方应通汇银行要求保兑该信用证，凡符合该信用证所列条款的汇票，即由我方兑付。"

4.3 审核修改

著名翻译家严复曾说过："一名之立，旬月踟蹰。"可见，翻译需要不断地进行审核修改，以保证译文准确、通顺、规范。审核修改一般分四个步骤进行：第一，进一步仔细通读源文，确保做到百分之百的理解，检查译文是否存在误译、漏译等现象；第二，针对源文中句子结构比较复杂或表达方式比较独特的部分，进一步思考如何灵活运用各种翻译方法与技巧，以使译文表达效果更好；第三，通读译文，检查译文在表达上是否通顺得体，是否存在语法、搭配等方面的错误；第四，考查源文和译文在风格、功能等方面是否贴近，如果存在一定的差异，再进一步考查这些差异是否能够帮助译文更好地履行其在译入语文化中被期望赋予的功能。

五、如何做好商务翻译

在翻译工作中，理解是基础，表达见水平，商务翻译更是如此。假若商务翻译的译者未能百分之百地理解源文，产生的译文轻者让人费解，造成交流障碍，重者则可能会造成各种重大损失。要做到百分之百地理解源文，并将源文信息用译入语比较完美地表达出来，商务翻译的译者有必要从以下四个方面着手，不断提高翻译能力。

第一，掌握一定的商务专业知识，有意识地积累专业词汇。商务翻译的译者并不需要成为商务领域的专家，但必须对相关知识有一定的了解，尤其要对商务领域的一些专业词汇中英文对照比较熟悉，否则很难在有限的时间内保质保量地完成商务翻译任务。不过，即使具备丰富商务专业知识的译者，也可能遇到把握不准某些专业词汇确切译名的情况。有时同一个词在不同的地区有不同的译名，甚至在同一地区也可能有不同的译名，究竟使用哪个译名，要视客户采取的惯常译法而定。然而，由于商务翻译的译者经常要在很短的时间内完成大量任务，很难逐一记住每个客户的要求及每个词汇在不同情况下的译名。为解决这一问题，译者不妨有意识地在电脑里建立专业词汇库，注明不同客户的译名要求，这样也方便跟其他译者合译时有效地统一译名。

第二，打好扎实的双语语言基础。尽管商务领域的专业性很强，但大部分信息仍靠基础性语言来传达，如果译者的双语语言基础不牢，即使专业知识掌握得再好，恐怕也很难胜任商务翻译任务。要打好双语语言基础，译者不仅要全面了解两种语言的基本词汇、语法结构、搭配习惯等，还要重视一些常见的习语，否则可能会产生误译。

例 5：
So what is behind this massive **rally**? Certainly it has been helped by a wave of **liquidity** from near-zero interest rates and **quantitative easing**. But a more important factor fueling this **asset bubble** is the weakness of the US dollar, driven by the mother of all **carry trades**.

译文：那么资产价格大幅上涨的原因是什么呢？当然，这受益于由近零利率和量化宽松政策带来的一波流动性。但助长这轮资产泡沫的一个更重要的因素，是由所有利差交易之原动力造成的美元疲软。

例 5 的译文将 rally、liquidity、quantitative easing、asset bubble、carry trades 等专业术语译得非常准确，足见译者具备了较为丰富的商务专业知识。然而，由于译者不了解习语 the mother of all... 的意思，故而望文生义，将其译为"所有……之原动力"，令人费解。利差交易的原动力究竟是什么？难道利差交易是美元疲软的原因？实际上，该习语的意思是"非常大（或讨厌、重要等）的事情"，故上文最后一句应译为："但一个更重要的因素是美元疲软，而美元疲软在迄今规模最大利差交易的驱使下，加剧了这轮资产泡沫。"

第三，翻译时勤于查阅相关资料，有意识地对较为复杂的源文语言结构进行充分的语法分析，将某些语言表达置于具体语境中理解。词典和百科全书当然是要经常查阅的资料，但由于语言与社会是不断发展的，而词典和百科全书永远落后于语言与社会的发展，有些时候它们很难提供有效帮助，这种情况在商务翻译中更为常见。如

"次贷"(subprime lending)一词,在2007年美国次贷危机爆发之前几乎闻所未闻。假若一些新词无法通过查阅词典找到恰当义项,或某个背景知识在一些百科全书中没有记载,应想其他办法,如搜索相关网页、咨询相关专业人士等。此外,语法分析、语境分析等对理解复杂的商务文本也非常重要。总之,商务翻译的译者要学会充分利用各种信息资源,遇到感到理解困难或拿不准的问题时,不要贸然作出翻译决策,而应力图通过各种方式找到最佳解决方案。

第四,学习一些基本的翻译方法与技巧,并勤于思考和实践。译者在学习一些基本的翻译方法与技巧时不仅要从理论层面了解基本原理,平时也要多翻阅附有中英文对照的商务文件并从中汲取实际经验;为更好地掌握这些翻译方法与技巧,译者还应在翻译过程中积极思考如何灵活运用它们来解决遇到的问题。更重要的是,实践出真知,商务翻译的译者必须认识到,只有完成一定翻译量的积累,才会在翻译能力上有质的提升。

单元知识检测

第二章
商务信函的翻译

第一节 基本常识

1.1 什么是商务信函

商务信函是在日常商务往来过程中用以沟通关系、传递信息、处理事务等的书信，是商务活动中重要的沟通媒介之一。根据主要内容和沟通目的，商务信函总体上可分为社交性商务信函、公司内部商务信函和商务交易信函三大类。社交性商务信函包括祝贺信、感谢信、道歉信、邀请信等，主要用于跟商务合作伙伴维持关系，以便将来进一步交流与合作。公司内部商务信函包括推荐信、求职信、聘用信、辞职信等，主要与公司内部事务有关。商务交易信函包括推销函、答复函、告知函、索赔函等，主要用于传递商务信息、处理具体交易事项等。

1.2 英文信函的结构

英文信函一般由信头（heading）、日期（date）、信内地址（inside address）、称呼（salutation）、正文（letter body）、信尾（closing）、附言（postscript）七个部分组成。根据语体，英文信函可分为正式、半正式和非正式三种。在半正式信函中，信内地址可以省略。在非正式信函中，信头和信内地址都可以省略。另外，附言并非必不可少，而且正式信函很少使用附言，即便有附言部分，也通常仅用来显示附件信息。

1）信头。写在信函的最上方，提供写信人的联系方式，主要包括通信地址和邮政编码，有时也会列上电话、传真等。通信地址按照街道名、城市名、省（州）名等从小到大的顺序逐行列出，邮政编码、电话、传真等通常各占一行。如果使用印有信头的信笺，则不必再写信头。寄信人姓名不能出现在信头中。

2）日期。指写信（或寄信）的日期，通常在信头最后空出一行写出，若不写信头，则位于信函的最上方。日的后面通常不用 st、nd、rd、th 等表示序数的缩略语。英国的日期格式为日/月/年，如 29 September, 2022，美国的日期格式则为月/日/年，如 September 29, 2022。

3）信内地址。信函应尽可能有明确的收信人，因此信内地址又称接收人地址

（recipient's address）或收信人信息（addressee information）。在日期下面空出一行后，通常按收信人的尊称（courtesy title，如 Dr、Mr、Miss、Ms 等）加姓名全称、职位、所在公司、通信地址、邮政编码等顺序列出收信人信息，其中通信地址跟信头的格式一致，其他信息通常也是各占一行。若没有明确的收信人，则可以省略收信人的尊称加姓名全称。

4）称呼。在信内地址最后（若没有信内地址，则在日期下面）空出一行写出。在有明确的收信人时，正式信函的称呼通常由 Dear、尊称和收信人的姓组成，非正式信函的称呼则通常由 Dear 和收信人的名组成，半正式信函的称呼则根据具体情况选用正式或非正式的称呼。若没有明确的收信人，常用的称呼有 Dear Sir、Dear Madam、Dear Customer、Dear Sir or Madam、Dear Madam or Sir、Dear Sirs 等，美式的称呼还有 Gentlemen、Ladies、Ladies and Gentlemen、Gentlemen and Ladies、To Whom It May Concern 等。一般而言，正式或半正式信函的称呼之后用冒号，非正式信函的称呼之后用逗号。

5）正文。在称呼下面空出一行后开始。正文通常的组织模式是：第一段点明写信的目的，接下来几段按照一定逻辑展开要点，提供细节性信息，最后一两段阐明希望收信人采取的行动，并表达谢意。

6）信尾。主要由结尾敬辞（complimentary close）、手写签名（handwritten signature）和机打名字（typed name）三部分组成。正文结束后空出一行，在下面用一个短语表达礼貌和尊重，故称"结尾敬辞"，该短语只需大写第一个字母，后面通常跟上逗号。正式和半正式信函通常使用传统的结尾敬辞，避免使用诸如 Love 等暗示写信人与收信人之间有着亲密关系的词或短语。半正式信函中的结尾敬辞通常是正式信函中的缩略版，如表 2-1 所示：

表 2-1　正式信函和半正式信函中的结尾致辞对比

正式信函	半正式信函
Sincerely yours	Sincerely
Yours truly	Yours
Kind/Best regards	Regards
Best wishes	Best

另外，结尾敬辞存在英式和美式的差别，还会根据是否有明确的收信人选用恰当的表达。比如，英式信函常用的 Yours sincerely 和 Yours faithfully，在美式信函中分别为 Sincerely yours 和 Yours truly。Yours sincerely 和 Sincerely yours 暗示有明确的收信人，而 Yours faithfully 和 Yours truly 则暗示没有明确的收信人，即信函中的称呼为 Dear Sir 等。正式程度稍低一些的 Kind regards、Best regards、Best wishes 在电子邮件中更为常见，其中 Kind regards 的正式程度最高，Best wishes 的正式程度最低且一般仅用于写信人与收信人之间非常熟悉的场合。

在正式和半正式信函中，结尾敬辞下面要空出 2~4 行用于手写签名，然后在下面打上写信人的名字。正式信函须打上姓名全称，半正式信函只打上名即可，必要时机打名字下面还可打上写信人的职位等。在非正式信函中，机打名字可以省略，结尾敬辞下面只需手写签名。若是电子邮件，则可以省略手写签名，只在结尾敬辞下面打上写信人的名字即可。

7）附言。若要提醒收信人或补叙正文中遗漏的内容，可在信尾下面写上缩略语 PS 后，添加一些简短信息。有一些信函，比如附信（cover letter），通常利用附言部分列出函附的文件材料，即附件（enclosure），包括简历、填好的申请表等。列附件时通常用缩略语 Encl、Enc 或 Encs（Encl 表示有一个或多个文件，Enc 表示只有一个文件，Encs 表示有多个文件）。需要指出的是，这种格式只用于纸质信函，电子邮件一般在正文的某个地方提及附件信息，且指代附件的词是 attachment 而不是 enclosure。

以上介绍某些组成部分时提到了标点符号使用的一般规则，但实际情况更为复杂。如果细心观察，我们会发现如下情况：有些英式信函中的日期在月和年之间还可不用逗号隔开，如 29 September 2022；有些信函的称呼之后没有标点，有时称呼后面用了逗号不一定就是非正式信函；有些信函的结尾敬辞后面没有标点；有的信函在诸如 PS、Enc 等缩略语中用句点，而有的却没用；等等。下面介绍一下英文信函的标点风格，以在一定程度上解除这些困惑。

英文信函有两种标点风格，即封闭式标点（closed punctuation）和开放式标点（open punctuation）。所谓封闭式标点，是指按一般规则在日期、称呼、结尾敬辞、缩略语等之中或之后使用逗号、冒号、句点等；所谓开放式标点，是指少用标点符号，即省略这些按一般规则使用的标点。例如，"Dear Mr. Richardson:" 中，缩略语 Mr 后有句点，整个称呼后有冒号，是封闭式标点，若去掉这些标点，变成 "Dear Mr Richardson" 则是开放式标点。在英国，私人信函和电子邮件中常见封闭式标点，纸质的商务信函中则开放式标点更为常见。在美国，标点更具灵活性，经常是封闭式标点和开放式标点混用。

1.3 英文信函的书写格式

英文信函的书写格式通常根据正式程度而定，主要有以下三种：

1）全齐头式 / 全块格式 [(full) block format]。所有字行都从左页边起行，段落之间空行。这种书写格式不需要额外花时间进行段落缩进以及布置信头、日期、信内地址、信尾等，不仅简单方便，也更为高效，并且通常被视为最正式的格式。以下样本即为全齐头式：

商务翻译实用教程
Business Translation: A Practical Course

123 Anywhere Place
London
SW1 6DP

1 July, 2014

Mr John Smith
XYZ Partnership
10 Utopia Drive
London
SW1 1AE

Dear Mr Smith:

My former colleague Joan Brown informed me that you are seeking to hire an office manager. I worked with Ms Brown at Acme and have 10 years of experience as an administrative assistant. I have long admired XYZ Partnership and would be honored to work for your company.

As you can see from my CV, I have performed many administrative duties in my previous positions at Acme and Ajax. At Ajax, I facilitated the company's transition from handwritten to digital records. That work paved the way for my move to Acme, where I assisted the director of innovation in tracking the development of new products. I helped introduce the company's workflow management system, which enabled Acme to cut the average development time of its software upgrades from 18 weeks to 12 weeks.

I would be pleased to speak with you to discuss the details of the office manager position. Thank you for your consideration of my application.

Best regards,

(Handwritten Signature)
Jane Clark

2）改良齐头式 / 改良块格式（**modified block format**）。除信头、日期和信尾部分外，所有字行都从左页边起行，段落之间空行。信头、日期和信尾可以放在最右边，也可以放在中间，或从中间向右写。这种书写格式通常为半正式信函所用。以下样本即为改良齐头式：

>   123 Anywhere Place
>   London
>   SW1 6DP
>
>   1 July, 2014
>
> Ms Joan Brown
> XYZ Partnership
> 10 Utopia Drive
> London
> SW1 1AE
>
> Dear Joan:
>
> Thank you so much for informing me of the vacancy at XYZ Partnership. I appreciate all the support you have given me throughout my career, and I would be delighted to work alongside you once again. In order to build upon my qualifications, I have applied to the evening administrative degree program at St John's College. I would greatly appreciate it if you would be willing to serve as one of my references.
>
> In the year since you left Acme, I have taken on additional duties as Mr Jones's administrative assistant. In November, the company introduced a proprietary workflow management system, and I was charged with ensuring that each department received the upgrade on schedule. Additionally, I completed 20 hours of software training in order to input updates. As a result, I was able to pursue certification in Microsoft Office, which I received last month.
>
> For your reference, I have also enclosed a copy of my current CV. Please let me know if you would like any additional information. Thank you once again for your help.
>
>   Regards,
>
>   (Handwritten Signature)
>   Jane

3）半齐头式/半块格式（semi-block format）。除正文每段首行要空格以外，其他均类似于改良齐头式。这种书写格式通常为半正式或非正式信函所用。以下样本即为半齐头式：

> 1 July, 2024
>
> Dear Katie,
>
>   I hope you are settled in comfortably in Manchester. I miss you already! But I know your new position will open up a lot of career opportunities for you. It's also great that you'll be closer to your family. And, at least for now, it's still warm!
>
>   I too have some good job news. My former boss just told me about a great position at her new company. I would still be doing administrative duties but would be managing the whole office, and it'd include a nice pay rise, too. She says she's already spoken highly of me to the person I'd be working for, so I think there's a good chance it will come through.
>
>   Besides that, everything else is going pretty well.
>
>   I'm already looking forward to seeing you in December. As soon as the tickets for the winter extravaganza go on sale, I'll book us a couple of tickets. Let me know if Rob decides to come, too—if so, I'll make it three. Let's talk soon!
>
>   Until next time,
>   Jane (Handwritten Signature)

需要说明的是，大多数商务信函都是正式信函，一些写给熟人（如前任老板等）的商务信函则可能是半正式信函，写给不太熟悉的人或陌生人的社交性信函也可能是半正式信函，只有私人交往信函通常是非正式信函。正式和半正式信函一般应以打印方式写成，使用单倍行距，10~12号字体，非正式信函则可以手写。若是电子邮件，则不管正式与否，一般都使用全齐头式，并省略信头、日期和信内地址。

1.4 现代中文信函的结构与书写格式

  现代中文信函不管什么类型，外在形式相对比较统一，结构上主要由称呼、正文、祝颂语、落款、日期、附言六部分组成，具体内容及节写格式如下：

  1）称呼。位于第一行，顶格书写，后用冒号。称呼一般由敬语、姓名、称谓等根据传统习俗并视具体情况进行恰当组合而成，如"尊敬的王总经理"等；在与境外华文地区人员往来等情况下还可加上提称语，如"尊敬的王先生台鉴"等。若没有明确的收信人，可用"××公司""××委员会""诸位先生""负责同志""敬启者"等作称呼。

2）**正文**。从第二行开始，由若干段组成，每段缩进约两个汉字的空间。通常的组织模式是：第一段是"您好""近好""别来无恙"等问候语，有时也用"×月×日赐函已悉"等承前式的启词，或用"兹为""兹因""兹悉""兹经""兹介绍""兹定于""欣闻""欣逢""值此""据报""据查实"等一系列公文用语提领全文；接下来几段有条有理、层次分明地逐步展现写信人要谈论的事情；最后一段是应酬性或公文式的结语，如"相信双方的友谊将有进一步发展""代向……问好""承蒙惠允，不胜感激""特此函达，即希函复""特此说明"等。

3）**祝颂语**。在功能上类似于英文信函的结尾敬辞，最典型的是"此致敬礼"。"此致"后面不用加标点，书写的位置有两种：第一种是紧接正文最后一句话，不另起段；第二种是在正文最后一段下面另起一行，缩进约两个汉字的空间。"敬礼"通常顶格写在"此致"的下一行，后面加上叹号。"此致"可用"顺颂""顺祝""敬颂"等之类的词替换，"敬礼"也可根据具体情况选用"时祺""康乐""大安"等恰当的词替换，因而其他类似祝颂语，如"顺颂商祺""即颂台安"等可参考"此致敬礼"的格式书写。

4）**落款**。一般为写信人姓名，通常在祝颂语下面另起一行或空一到二行书写，并贴近右页边。写信人姓名之前可写上与收信人的关系或在某个部门的职位，之后可写上"谨启""谨呈""敬上""敬述"等具名语。以单位名义发出的信函，可同时署上写信人姓名以及单位的名称或单位内具体部门的名称。落款处即便有打印姓名，也通常要在附近手书签署。

5）**日期**。指写信日期，一般位于落款的下一行，贴近右页边。

6）**附言**。在日期下空一行并缩进约两个汉字的空间写上"另""又"等字样并加上冒号后，补叙正文中遗漏的内容。该部分并非必需。

第二节

基本翻译理论

2.1 商务翻译的理论基础

比较英文信函和中文信函我们会发现，它们不仅在结构和书写格式上存在一定的差异，而且在措辞、正文的组织模式等方面也有所不同。如何处理这些差异，则是翻译时首先要考虑的问题。为此，翻译初学者有必要了解一定的翻译理论知识，尤其是一些普适性翻译理论的基本观点，以作为商务信函翻译乃至所有商务文本翻译的理论基础。普适性翻译理论虽然不会直接告诉译者该如何做，但能帮助译者注意并思考自己在做什么，以及某个翻译决定可能给所产生的译文带来的交际效果（Nord，1997：118）。在众多普适性翻译理论中，德国功能派翻译理论不仅在学界获得广泛认可，也在商务翻译领域备受推崇。该理论主要涉及翻译行为、翻译目的、文本类型等方面的论述，下面简要介绍一下其中的基本观点。

2.1.1 翻译行为

功能派翻译理论将翻译描述为始于源文的翻译行为，这一行为是一种交际互动的过程，涉及一系列参与者，包括：

1）**发起者和委托者**。发起者是实际需要翻译服务、启动翻译过程的个人、团体或机构，通常会限定译文的目的。委托者是联系译者的个人或机构，可能会通过翻译任务纲要（translation brief）影响译文生产，比如要求特定的格式或术语。

2）**译者**。译者是翻译过程中的重要角色，作为翻译行为中的专家，应负责执行受委托的任务，确保整个翻译过程进展顺利。在翻译过程中，译者既是源文的接受者，又是翻译任务纲要的接受者，需要跟委托者商定具体条件，从法律、经济或意识形态方面分析翻译任务纲要的可接受性和可行性，并核实需要什么样的译文。比如，有时委托者可能只需要对源文进行简短概括的译文，在特殊情况下译者还会因断定译文不能达到预期目的而建议不必翻译。

3）**源文生产者**。源文生产者即撰写源文的个人，源文的生产可能是某个特定翻译过程的文本需求促成的，当然更多时候是与特定翻译过程无关的其他因素促成的，在前一种情况下，源文生产者便是翻译行为中的直接行为主体。

4）译文使用者。译文使用者即使用译文的人。他们可能将译文作为培训材料、信息来源或者广告手段来使用，例如使用教材译本的教师、使用销售手册译本的推销员等。

5）译文接受者。译文接受者即译文的最终接受者，例如在课堂上阅读教材译本的学生、阅读销售手册译本的客户等。译文接受者的需求是影响译文最重要的因素，对译文接受者的限定应是翻译任务纲要中的一部分，译者也应从委托人那里获得有关译文接受者的社会文化背景、心理期待等方面尽可能详细的信息。

虽然各个参与者都有自己的特定目标，但翻译行为的焦点在于为译文接受者产生在功能上适合交际的译文，也就是说，译文不能仅仅照搬源文的形式，而应考虑在译语文化中的功能合适性。

2.1.2 翻译目的

翻译目的论（Skopostheorie）以翻译行为论为基础，并发展成为功能派翻译理论的核心。根据翻译目的论，整个翻译行为的目的（Skopos）是决定任何翻译过程的首要法则。这种目的通常是指译文的目的，所谓目的法则，就是让译文在所使用的情境中跟要使用的人以所期望的方式发挥作用。

目的法则制约着另外两个重要的法则，即连贯法则和忠实法则。连贯法则指译文符合篇内连贯标准，也就是说，译文能让译语文化读者理解，在译语交际情境及文化中表意清楚。忠实法则指源文和译文之间应存在篇际连贯关系，而这种关系以什么形式出现，既取决于译者对源文的阐释，又取决于翻译的目的。译文最大限度地精确模仿源文只是篇际连贯的一种可能而已。篇际连贯从属于篇内连贯，而这二者都从属于目的法则。因此，源文只是"信息供体"或者译者使用的"原材料"。

在翻译目的论框架下，第一章提及的一些翻译定义中有关"对等"的要求，可以理解为源文和译文功能保持不变，而译者要具体确定某个特定翻译目的所需要的对等程度，则可以借助对文本类型的划分。

2.1.3 文本类型

功能派翻译理论依据文本的主要功能，将之分为信息型、表情型、感染型和视听型四大类，并建议根据文本类型来选择翻译方法。

信息型文本直白地表达事实，如信息、知识、观点等，文本焦点在于内容或者主题。翻译时，译者重在传达源文指称的内容，必要时可采取"明晰法"，不必拘泥于一些风格上的细枝末节。

表情型文本是作者利用语言艺术的创造性写作，文本焦点在于形式，同时作者也处于引人注目的位置。翻译时，译者应站在原作者的角度，采取"仿效法"，在确保信息准确的同时传达源文的美学艺术形式。

感染型文本旨在引起行为反应，文本焦点在于感染，即呼吁或说服文本接受者采取某种行动、同意某种观点等。翻译时，译者应采取"改编法"，以在译语读者中产生对等的效果。

视听型文本即现在通常所说的多模态文本，以图像、音乐等对文本的信息性、表情性和感染性这三大功能进行补充。翻译时，译者应采取"补充法"，在书面文字中补充一些图像和音乐。

必须注意的是，在翻译目的论框架下，文本类型和翻译方法之间的上述联系仅限于源文和译文功能不变的情况。在实际翻译过程中，可能存在出于某种原因译文需要改变或事实上会改变源文主要功能的情况，这时译文与源文就属于不同的文本类型，翻译方法应作出相应调整，以保证译文在内容、形式和表达效果上履行新的交际功能。

2.2 翻译的类型、方法与策略

根据功能派翻译理论，译者必须对翻译任务纲要进行分析，推断并研究译文的目的，并根据文本类型选择合适的翻译方法，从而为译文接受者生产出在功能上适合交际的译文，同时，不同的功能也造就了不同的翻译类型。

翻译任务纲要虽然会指定需要什么样的译文，但不会告诉译者如何开展翻译工作、采取什么翻译策略或选取什么翻译类型。在大多数情况下，译者可以根据翻译情境本身推断译文的目的，并据此作出相关决策。比如就本章讨论的主题而言，除非另有说明，某公司要求翻译商务信函自然是为该公司自己所用，译者通常应该熟悉该公司的文案风格。在商务活动中，商务信函通常用于沟通信息，在产生纠纷的情况下还可以作为证据性文件，这类文本大都属于信息型文本，翻译时译者一般要使源文和译文的功能保持不变。因此，商务信函的翻译通常应以清晰传达源文指称的内容为核心，必要时，译者可对一些结构、书写格式、措辞等作出适当调整，以使文案风格迎合使用译文的公司。用功能派翻译理论的术语说，就是商务信函的翻译总体上要向"工具性翻译"（instrumental translation）倾斜。下面简要介绍一下功能派翻译理论对翻译类型的划分以及从中引出的相关术语。

2.2.1 纪实性翻译和工具性翻译

功能派翻译理论的代表人物之一诺德区分了纪实性翻译（documentary translation）和工具性翻译两种翻译类型。

纪实性翻译相当于如实记录源语文化中作者和源文接受者之间的交流，它主要表现为如下几种形式：

1）字对字翻译（word-for-word or interlinear translation）。这种形式的翻译是用译语反映源语的结构特点，旨在复制源语系统，常见于比较语言学或语言百科全书中的翻译案例。

2）直译（literal or grammar translation）。这种形式的翻译在字对字翻译的基础上，进一步使源语的句法结构和习惯用法与译语规范相适应，旨在复制源语形式。

3）考释性翻译（philological or learned translation）。这种形式的翻译在直译后用注释解释源语中独特的语言文化信息，旨在复制源语的形式和内容。

4）异化翻译（foreignizing or exoticizing translation）。这种形式的翻译不改变源文的源语文化背景，试图保持源文的地方色彩，旨在复制源语的形式、内容和情境。

工具性翻译在目的语文化的新交际行为中充当独立的信息传递工具，既试图让接受者察觉不到译文曾以不同形式在不同交际情境中使用过，又能实现交际目的。换句话说，就是使译文读起来如同译语的原创作品，且译文和源文的功能处于同一范围内。若译文和源文的功能相同，则是等功能翻译（equifunctional translation），例如技术性文本、应用文的翻译；若译文和源文的功能相似但仍存在一定差别，则是异功能翻译（heterofunctional translation），例如18世纪英国政治讽刺小说《格列弗游记》的译本在现代社会成了儿童文学；若译文在译语文化文本语料中的（文学）地位相当于源文在源语文化文本语料中的（文学）地位，则是类功能翻译（homologous translation），其焦点在于再现与源文相同或类似的创意，例如由诗人翻译的诗歌。

我们注意到，诺德对翻译类型的划分中提到了"直译"和"异化翻译"这两个在翻译领域更为常见的术语。应该指出的是，诺德的"直译"和"异化翻译"仅仅是对纪实性翻译类型具体表现形式的描述，而通常意义上的"直译"（literal translation）和"异化翻译"（foreignizing translation）被赋予了有关翻译方法与策略的内容，它们分别与"意译"（free translation）和"归化翻译"（domesticating translation）相对，下面再作进一步讨论。

2.2.2 直译和意译

有关直译与意译的争论在中国最早可以追溯到佛经翻译的文质之争，"文"即意译，"质"即直译。类似的争论在西方则最早追溯到古罗马时期西塞罗和圣哲罗姆论及的翻译的字对字和意对意之分。这里无意讨论这些复杂的争论，只是注意到，虽然直译和意译都是重要的翻译方法和策略，但在许多情况下，直译遭到不屑，意译受到青睐，故而有必要明确一些认识。

直译之所以遭到不屑，是因为它通常被等同于字对字翻译。字对字翻译在形式上过于贴近源文，往往不能再现源文隐含的真实含义，极端情况下会产生荒谬的译文，这时就相当于我们通常所说的硬译、死译。有时我们虽然没有将直译与字对字翻译完全等同，但也至少将之包括在内。在上述介绍中我们注意到，诺德区分了直译和字对字翻译，这里我们不妨根据这一区分，进一步将直译理解为如下翻译方法和策略：既保持源语的形式，又让译文读者不付出过多认知努力就能准确理解源语的意思。

英国著名的翻译理论家纽马克认为，直译是翻译的第一步，优秀的译者不会放弃直译，除非直译时译文明显不准确，或者遇到了写得糟糕的感染型或信息型文本（Newmark，1988：76）。这一观点同样适用于英汉翻译，虽然这两种语言差异较大，但直译仍至少有两个优点。第一，可以让译文读者了解源语的特色，同时丰富汉语的表达。例如，将 kill two birds with one stone 直译成"一石二鸟"就使汉语有更多方式来表达"一箭双雕"的意思。第二，减少文化信息传递的偏差，避免造成译文读者对异域文化产生误解。例如，fine feathers make fine birds 若译为"人要衣装，佛要金装"，就可能让译文读者以为源语说话者也信佛，不如直译为"羽毛漂亮，鸟就漂亮"。同样，teach fish how to swim 通常被译成"班门弄斧"，但这种译文实际上是把

"鲁班"这一汉语特有的文化意象强加到英语中，可能会使译文读者误以为源语作者对中国文化意象非常熟悉，因而不如直译为"教鱼游泳"。另外值得注意的是，在一些以英语为母语的人士看来，由于鱼天生就会游泳，这一习语有时还被赋予了"多此一举""浪费时间""白费口舌"等意思，而"班门弄斧"显然不包含这些意思。

应该明确的是，直译不是硬译、死译，如纽马克所说，假若直译时译文明显不准确，就必须放弃直译、采取意译，即舍弃源语的形式，根据译语的规范或套用译语的习惯表达完整而准确地译出源语的意思。例如，英文句子"We were kept in the dark about the plan to sell the company"中的 in the dark 若直译为"在黑暗中"就明显不准确，译者需要舍弃其中的隐喻，将整个句子意译为"我们对出售公司的计划全然不知"。另外更应该明确的是，意译必须建立在准确理解源语意思的基础之上，否则就会造成胡译、乱译。英文句子"April is a reluctant beginning of spring in Beijing"译为"在北京，四月是一个春天不情愿的开端"是硬译、死译，译为"北京的四月，春天姗姗来迟"则是胡译、乱译（"不情愿"跟"姗姗来迟"毫无关系），只有译为"北京的四月，乍暖还寒"才能准确传达源语的意思，才算得上是真正的意译。

2.2.3 异化翻译和归化翻译

德国哲学家施莱尔马赫（Schleiermacher）于1813年发表的《论翻译的不同方法》中指出，译者只有两种选择：一是尽量不扰动原作者而让读者接近原作者；二是尽量不扰动读者而使原作者接近读者，这通常被视为讨论异化翻译和归化翻译的源头。

异化翻译让读者接近原作者，就是以译语的主流文化价值观所排斥的方式，通过一种不流畅、陌生化或异质化的翻译风格，使译者显形，凸显源文的异质身份。

归化翻译使原作者接近读者，就是使源文符合译语的主流文化价值观，将译文的异质成分最小化，让译文读起来流畅。译者被这种流畅的译文掩盖了痕迹，成了隐身人，译文也由此变得透明。

在某种意义上，异化翻译和归化翻译可以跟纪实性翻译和工具性翻译一样，被视为两种不同的翻译类型，而且从广义上讲，其不仅涉及翻译方法和策略，还涉及翻译文本的选择。在一些翻译实践中，归化翻译是因本国的文化、经济、政治等重要事项而对外国文化的挪用，而异化翻译则是抵抗民族中心主义、种族主义、文化霸权主义等的一种形式（Venuti, 1995：18–20）。其中许多问题已超出本书范围，故不展开论述，这里只需明确，至少就翻译方法与策略而言，归化翻译和异化翻译并不是二元对立的，而是一个连续统一体的组成部分。

根据诺德（Nord, 1997）对翻译类型的区分，商务信函的翻译乃至大多数商务翻译，总体上通常倾向于工具性翻译，或者再往细分，工具性翻译下的等功能翻译。诺德对纪实性翻译所区分的几种翻译形式只是类似于具体的翻译方法与策略，而对工具性翻译所区分的几种翻译形式则更为抽象，几乎没有涉及具体的翻译方法与策略。因此，要做到等功能翻译，我们有必要进一步了解基本的翻译方法与策略，这其中又要涉及许多具体的翻译技巧，这些内容将在后面的章节逐步讨论。

第三节 实例精解精译

第一节介绍了传统英文信函的结构与书写格式，大多数英文商务信函都以此为原则写成，但应该注意以下两种情况：第一，社交性商务信函中的邀请信，如果要体现某种私人关系，可以采用传统英文信函的结构与书写格式，但如果要显得更为正式庄重，则必须采用格式比较独特而固定的卡片形式；第二，现代英文商务交易信函有时会比传统英文信函的结构稍微多一些内容，在书写格式上也有些个体差别，并在更多方面存在英式与美式的差异。本节的实例精解精译将重点关注这两种情况。

3.1 卡片形式的邀请信（请柬）

英语文化中正式的邀请大多以卡片形式发出，类似于我们的请柬。正式的英文请柬用第三人称书写，格式采用较为固定的分行式，各行内容大体按照邀请者（姓名全称）、被邀请者（姓名全称）、邀请之意、活动内容、时间、地点等这样的顺序安排，末尾没有句号。根据具体情况，请柬的内容安排可能随不同的英语表述而稍作调整或扩展，有时下方还会注明被邀请者需要提前知晓的信息（如着装等）和 RSVP（法语 répondez s'il vous plaît 的缩略语，在要求回复时使用，偶尔也使用 Please reply 或 Please respond）。还需注意的是，正式的英文请柬中表示邀请通常用 request 一词，不同于信函中常用 invite、please join us 等措辞；对时间的表述通常占 2~3 行，日期按从小到大的顺序放在前面，具体时间点放在后面，不同于普通文本中一律按从小到大的顺序表述时间，而且具体日期的写法也比较讲究，用文字而不是阿拉伯数字，以示郑重。如下例所示：

Dr and Mrs Thomas Nobert
present their compliments to
Mr and Mrs Roger Clark
and request the pleasure of their company at dinner
Saturday evening, the tenth of September
two thousand and twenty-two
at seven o'clock
45 Maple Street

Dress: Informal
RSVP

商务翻译实用教程
Business Translation: A Practical Course

中文请柬在结构与书写格式上跟信函基本一致,在内容上相当于书信的简化版,正文不分行,用第一人称书写(省略主语和使用谦称较为常见),并常用"兹""谨"等文言词语,以示郑重。此外,中文请柬对时间的表述并无特殊之处,仍按从大到小的习惯,只需注意星期要写在日期后面的括号内,不同于英文中的星期写在日期之前。鉴于中英文请柬存在较大的差异,我们将英文请柬翻译成中文时须对其作出调整,进行适当的归化或异化,如上述英文请柬可译成如下两个版本:

译文一:
兹定于二〇二二年九月十日(星期六)晚七点在枫树街45号设宴,敬请罗杰·克拉克先生暨夫人光临。便装出席,恭候回音。

托马斯·诺伯特博士暨夫人谨订

译文二:
托马斯·诺伯特博士暨夫人谨订于二〇二二年九月十日(星期六)晚七点在枫树街45号设宴,敬请罗杰·克拉克先生暨夫人光临。便装出席,恭候回音。

译文一属于归化译文,将源文的第三人称转换为第一人称,书写格式比较接近中文请柬,更容易为中文读者所接纳;译文二属于异化译文,保留了源文的第三人称,整体只相当于中文请柬的正文部分,使中文读者产生一定的距离感。然而,两个译文都没有做到绝对归化或绝对异化,译文一至少因受源文信息的限制而不能在落款的下一行写上发柬日期,译文二也至少不能保留源文的分行式(这种格式对中文请柬来说显得不伦不类),并尽量使表述符合中文习惯。两个版本的译文说明,归化翻译和异化翻译并不是二元对立的,不管是归化还是异化,都必须一方面忠实传达源文的信息,另一方面使译文达到交际目的。

英文请柬中的邀请者通常希望得到被邀请者的回复,以便统计打算参加的人数,做好活动的准备工作。邀请者寄出的请柬中可能随附供回复用的卡片和信封,这时请柬上就不用写上 RSVP 之类的文字。在英语文化中,人们收到邀请后通常要用跟所收到的邀请信同样的风格和语气作出回复(若收到的是信函,就用信函形式回复;若收到的是请柬,就用卡片形式回复),以感谢主人的周到安排和热情好客。下文便是对所收到请柬的回复:

Mr and Mrs Roger Clark

accept with pleasure

Dr and Mrs Thomas Nobert's

kind invitation to dinner

Saturday evening, the tenth of September

two thousand and twenty-two

at seven o'clock

45 Maple Street

该回复仍用第三人称书写,格式和结构也跟英文请柬类似,译者在翻译时可以参考英文请柬的译法,形成如下两个版本:

译文一:

本人夫妇欣然接受托马斯·诺伯特博士暨夫人的盛情邀请,将参加定于二〇二二年九月十日(星期六)晚七点在枫树街45号举行的宴会。

罗杰·克拉克夫妇谨复

译文二:

罗杰·克拉克先生暨夫人欣然接受托马斯·诺伯特博士暨夫人的盛情邀请,将参加定于二〇二二年九月十日(星期六)晚七点在枫树街45号举行的宴会。

另外,英语文化中非正式的邀请除以信函形式发出外,现在也经常以卡片形式发出。非正式的邀请卡片用第三人称或第一人书写均可,语言比较生动活泼,形式也更多样,但不管采取什么形式,都必须讲清楚活动的内容、日期、具体时间、地点等,因其基本不用于商务活动场合,这里不作举例说明。

3.2 现代英文商务交易信函

现代英文商务交易信函基本都使用全齐头式,以显正式,只是信头不一定是靠左页边对齐。相较于传统的结构,有些英文商务交易信函增加了编号、特殊标记、主题行、抄送等组成部分,个别组成部分的位置也存在英式与美式的差别,现具体说明如下:

1)编号(reference)。编号方式并无统一标准,通常由写信人加秘书的姓名首字母、数字等组成,有时还会用 Your ref 或 Our ref 表明编号,如 Our ref: UK54/hn。英式的编号通常位于信头之下、日期之上,而美式的编号则通常置于信函的底部。

2)特殊标记(special marking)。主要显示投递方式等信息,通常放在信内地址上面,并留够空白。现代英美国家所用的信封通常有一个透明窗口,这样将信函装入后,可以直接通过窗口看到特殊标记和收信人信息,省去了在信封上填写的麻烦。

3)主题行(subject line)。简要注明信函的总体目的,格式上多用粗体、下画线或大写每个词的首字母,开头可写上 Subject 或 Re(即 reference 或 regarding 的缩写,可译为"关于"或"事涉")。主题行尽管并非必不可少,但却经常见于商务交易信函中。应该注意的是,英式的主题行通常出现在称呼和正文之间,有时也位于称呼上面,而美式的主题行则普遍位于称呼上面。

4)抄送(carbon copy)。位于所列附件下面,在写上缩略语 Cc 后,说明除直接收信人外还有谁会收到信函的副本。该缩略语有时也可用 Copy 或 Copies 替代。

另外,现代英文商务交易信函通常会在结尾敬辞下面列出公司名称后,再手写签名。如果写信人拥有代理权,手写签名下面的机打名字前可加上 per procurationem 的缩略语 pp(即"代表……发函"或"委任代理……"),如 pp Sally Jameson。下面列举两个商务交易信函的样本,以供比较。

商务翻译实用教程
Business Translation: A Practical Course

英式商务交易信函：

信头	Steel Industries Ltd 34 Worlington Street, London ST 7UR Tel.no.: +44 (0)837 200 70 30, Fax no.: +44 (0)837 200 70 40, Email: info@steelon.co.uk
参考号	JH/pt
日期	22 December 2023
特殊标记	Registered mail
信内地址	Wink & Wolly Inc Mr Steven Barker 7566 Mountain Ave., Suite 423 San Jose, CA 95446 USA
称呼	Dear Mr Barker
主题行	Your enquiry of 30 November 2023
正文	Thank you very much for showing your trust in our company. It will probably take a few days until our specialists have prepared the necessary data. Furthermore, we still need to know more details about the equipment you require. Additionally, we would like to ask you to fill in the form which you will find enclosed. Please return it to us by fax. As soon as this information is available, we will send you our quotation. We look forward to hearing from you soon.
结尾敬辞	Yours sincerely
公司名称	Steel Industries Ltd
手写签名	*S. Jameson*
机打名字	Sally Jameson
职位	Sales Manager
附件	Enc Form
抄送	Cc Mr Robert McGillan

第二章 商务信函的翻译

美式商务交易信函：

信头	Wink & Wolly Inc 7566 Mountain Ave., Suite 423 San Jose, CA 95446 Tel. +1-973-457811 Fax: +1-973-457812 Email: contact@winkwol.com
日期	December 23, 2023
特殊标记	By Air Mail
信内地址	Ms Sally Jameson Steel Industries Ltd 34 Worlington Street London ST 7UR Great Britain
主题行	Re: Your letter of December 22, 2023
称呼	Dear Ms. Jameson:
正文	Thank you very much for your letter mentioned above. Enclosed, you will find the form containing the necessary data. We hope this will be to your entire satisfaction in order for you to prepare our desired material. Should you require additional information, please do not hesitate to contact us again.
结尾敬辞	We look forward to receiving your quotation as soon as possible. Best regards,
公司名称	Wink & Wolly Inc
手写签名	*Steven Barker*
机打名字	Steven Barker
职位	Purchasing Manager
附件	Encl.: Form
抄送	Cc: Mr Robert McGillan, Head of Sales
参考号	STB/RT

综上所述，从外在形式上看，英文商务信函存在各种个体差异，而中文信函格式则相对比较统一。将英文商务信函译成中文时，要做到等功能翻译，不必过度拘泥于源文在结构和书写格式上的各种差异，而应采取适当归化的方法，根据中文信函的形式作出较为统一的调整。例如，译文采取中文信函的书写格式而不是全齐头式、改良齐头式或半齐头式；不必译出信头、信内地址等中文信函中没有的结构；将源文中的日期调整到右下角；把源文称呼中的 Dear 译为"尊敬的"而非"亲爱的"；等等。当然，这种归化必须以保证清晰传达源文的重要信息为前提，一些中文信函中没有的结构，如现代英文商务交易信函中的参考号、主题行、附件、抄送等，若它们对查阅文件比较重要或者承载了其他重要信息，则必须译出，只不过它们的位置可以根据具体情况调整。另外，我们还需注意根据具体语境使用恰当的语体和语域。中英文商务信函使用的语体大都比较正式，并且在商务语境下，某些常见的词汇可能有着特殊的意义，某些意义的表达方式也可能比较特殊。

下面两个译文便对上述两个商务交易信函样本进行了调整，不妨作为类似翻译的参考。

英式商务交易信函样本的译文：

尊敬的巴克先生：

非常感谢您对本公司的信任。我方专业人员可能需要数日才能准备好必要的数据，而且我方还需要知道更多有关贵方设备需求的细节。

另外，附件是一份表格，请贵方填好传真给我方。我方获取该信息后，将立即给贵方寄送报价单。

盼及早赐复。此致

敬礼！

钢铁工业有限公司销售经理　莎莉·詹姆森
2023 年 12 月 22 日

事涉：你方 2023 年 11 月 30 日的询盘

参考号：JH/pt

附件：表格一份

抄送：罗伯特·麦吉伦先生

美式商务交易信函样本的译文：

尊敬的詹姆森女士：

感谢您的回函，请在附件找到填好必要数据的表格。

希望这能完全符合要求，以利于贵方准备我方所需的材料。若贵方还需额外信息，请尽管再次与我方联系。

盼早日收到贵方报价单。

顺颂

第二章　商务信函的翻译

商祺！

威克＆沃利公司采购经理　斯蒂文·巴克
2023 年 12 月 23 日

事由：你方 2023 年 12 月 22 日的回函
参考号：STB/RT
附件：表格一份
抄送：销售主管罗伯特·麦吉伦先生

练习题

一、将下列英文请柬翻译成汉语。

Mr and Mrs Harold Black

request the honour of your presence

at the wedding of their daughter

Isabella Katherine

to

Mr Benjamin Nathan Shaw

Saturday, the eighteenth of June

two thousand and twenty-two

at half past three in the afternoon

St Paul's Episcopal Church

Ely, Norfolk

and afterwards at the reception

Norfolk Yacht and Country Club

71 Hampton Road

二、将下列英文请柬的回函翻译成汉语。

Mr and Mrs Taft Durand

regret that a previous engagement prevents

their acceptance of

Dr and Mrs Thomas Nobert's

kind invitation to dinner

Saturday evening, the tenth of September

two thousand and twenty-two

at seven o'clock

45 Maple Street

三、将下列商务交易信函中的常用句子翻译成汉语，并注意其中商务专业术语的表达。

On Quotation（报盘）

1. Our best offer is given below, subject to our final confirmation.
2. All quotations, except firm offers, are subject to our final confirmation. Unless otherwise stated or agreed upon, all prices are given (net) without any discount.
3. In case of firm offers, we usually keep our offers open for three days.
4. The above offer is made without engagement and all orders will be subject to our written acceptance.
5. They have made us a non-firm offer of the following items: ...
6. The price quoted to you is very reasonable, and we regret that your counter-bid is not acceptable to us.
7. This is the rock-bottom price we can offer at present and any further reduction is out of the question.
8. We are pleased to send you herewith our Proforma Invoice No. ... in triplicate as requested.

On Commission（佣金）

1. The usual rate of commission, which we allow to indenting houses, is ...%, but it may vary according to the nature of different products.
2. Our prices include for you a ...% commission, which will be remitted to you promptly after completion of shipment and negotiation of payment.
3. Enclosed please find our Sales Confirmation No. ... in duplicate, one copy of which completed with your signature is to be returned for our records.
4. We have pleasure in enclosing a check No. ... for the sum of US $ ... issued by Citibank, New York, in payment of the commission due to you on the transaction covered by the above Sales Confirmation.

On Order, Payment and Delivery（订购、付款与交货）

1. You are kindly requested to take into consideration when quoting the price that we may place regular orders for large quantities.
2. Your order is receiving our immediate attention and you can depend on us to effect delivery well within your time limit.
3. As the goods ordered are ready for shipment, please expedite your L/C, and we will effect shipment as soon as it comes to hand.
4. Payment is to be made by confirmed irrevocable letter of credit to be opened in our favour.
5. Our usual terms of payment are by confirmed irrevocable L/C without recourse payable at sight against presentation of shipping documents to the negotiating

bank at the port of loading.
6. It is necessary that the relevant credits should be established in strict accordance with the stipulations of our contracts in order to avoid unnecessary complications (amendments).
7. Owing to unforeseen difficulties on the part of the manufacturers, we find it impossible to effect shipment before … and would appreciate your extending the validity of your L/C to …
8. Having shipped the goods called for in Sales Confirmation No. … by the S.S. STARS, we send you herewith copies of the relative shipping documents comprising the following: …

On Complaints and Claims（理赔）
1. We are sorry we cannot agree with the view put forward by your client, and must repudiate our liability for the claim on account of insufficient evidence.
2. As the damage is apparently due to rough handling in transit, it is only appropriate for you to file your claim with the insurance company concerned.
3. Your claim for indemnification of the loss sustained should, in our opinion, be referred to the Shipping Co, as the liability rests with them.
4. Any claim in respect of this consignment must be raised within … days after its arrival at the port of destination, after which no claim will be entertained.
5. The quality of your shipment for our order has been found not in conformity with the agreed specifications. We must therefore lodge a claim against you for the amount of …
6. On the strength of the Inspection Certificate No. … in one original and the Freight Account enclosed herewith we file a claim against you for the following amounts …

四、用适当归化的方法翻译下列商务信函，以实现等功能翻译。
Lydia Payne
Head of Operations[1]
Dwight Financial Services
32 Riddler Jones Way
Toronto, ON, M4M 5N5
416–555–5556
lydiapayne@email.com

November 16, 2021

Asher Jones
Head of Operations

商务翻译实用教程
Business Translation: A Practical Course

CGS Technological Services
98 Broadway Drive
Toronto, ON, R2R S8S
647–555–6666

Dear Mr Jones:

I am writing to inquire[2] about some of your technological products, specifically your budgeting and data analysis software.

Dwight Financial Services is a top financial firm specializing in providing clients with the most effective financial advice. We work with a wide range of multinational companies, including Decarter Logistics and Twerve Bottling Company. To optimize our services, we're keen on upgrading our ICT system[3] to help us serve our customers better. Top on our list is a data analysis system and effective budgeting software. We want to receive a cost estimate for incorporating your products into our system.

You can reach out to[4] me through any of my contact details above. We look forward to your reply and anticipate a positive working relationship with your firm.

Yours sincerely,

Lydia Payne

Head of Operations

单元知识检测

注释：

1. Head of Operations：营运总监；业务主管。注意用适当归化的方法翻译，虽然不必译出信头、信内地址等，但由于本信函的正文中提到了收信人可通过信头上的联系方式联系写信人，这里至少应将信头抄录放在译文上方。
2. inquire：在商务语境下通常译为"询盘"或"询价"。英式英语更常用 enquire (enquiry)，美式英语更常用 inquire (inquiry)，二者在意义上基本没有区别。
3. ICT system：信息通信技术系统。ICT 是 Information and Communications Technology 的缩略语。
4. reach out to：联系。表示这一意思时，reach 可作及物动词，若指通过电话联系某人，reach someone 的表达甚至更为常用。

第三章
商务会务文书的翻译

第一节

基本常识

1.1 商务会务文书的定义

会议是有组织、有领导地商议事情的集会，是党政机关、企事业单位、社会团体等组织进行讨论研究、工作总结、工作决策、工作部署、经验交流和处理其他事务的活动。会务文书就是与会议有关的各类文件材料，从这一意义上讲，其包含的范围非常广泛，如会议邀请函、会议通知、会议策划方案、会议讲话稿、会议报告、会议记录、会议备忘录、会议新闻通稿等。若将这一理解套用于商务会务文书，我们则可将其宽泛地定义为与商务会议有关的各类文件材料。

然而，这一宽泛的定义使商务会务文书成了涵盖各种应用文体的综合体，其中包括信函、通知、演讲、新闻等。鉴于这些文体特点各异，且会在本书其他章节中进行专门讨论，本章我们试图将商务会务文书狭义地界定为与商务会议的议事密切相关、在会议进行过程中产生、仅用于商务合作伙伴之间交流会议内容的文件材料，主要包括商务会议议程（agenda）、商务会议备忘录（memorandum/memo）、商务会议记录（minutes）等。

1.2 商务会务文书的框架结构

商务会务文书通常呈现一定的框架结构，便于准确、及时、简洁地传达相关信息。下面结合相关样本，分别简要说明商务会议议程、商务会议备忘录和商务会议记录的框架结构。

1. 商务会议议程

商务会议议程是为保证商务会议富有成效地举行而制订的计划或方案。它通常采用提纲格式，包括两大部分：第一大部分列出开会的日期、时间、地点等信息，必要时还需注明会议名称；第二大部分阐明会议目标，列出几条议事项目（agenda items），并为各个环节规划好时间、目标、主持人、议事要点等。

例1：
MEETING AGENDA
Date: Aug. 1, 2023

Time: 1:00 p.m.

Location: Conference Room A

AGENDA DETAILS

Goals: Review the marketing campaigns from last year, identify seasonal slumps in product demand, brainstorm ways to increase demand during these slumps and make sure we're prepared for the next marketing campaign.

1. Review marketing campaigns from last year.

Time: 15 minutes

Purpose: Share information

Leader: Jamal Adams

a. Present the marketing campaigns from last year.

b. Review the sales numbers after each campaign.

c. Identify which campaigns seemed to have the biggest impact.

2. How do we best manage the fluctuating demand for our product?

Time: 30 minutes

Purpose: Decision

Leader: Blair Hanline

a. Review sales numbers from the last four quarters.

b. Identify any trends in sales numbers.

c. Brainstorm ideas on how to increase sales during those slumps.

3. Preparing for the next marketing campaign.

Time: 15 minutes

Purpose: Decision

Leader: Blair Hanline

a. What do we need to prepare for the next marketing campaign?

i. Review the attached marketing campaign materials.

ii. Identify tasks for each team member.

b. How will we track the effectiveness of this campaign?

c. Review sales goals for this campaign.

4. End of meeting review.

Time: 5 minutes

Purpose: Decision

Leader: Jamal Adams

a. What did we do well in this meeting?

b. What should we do differently next meeting?

　　2. 商务会议备忘录

　　备忘录是用于备忘、查对、通报信息等的书面记事录，除个人备忘录仅供个人留存以帮助或唤起个人对某些事务的记忆外，公司备忘录、外交备忘录等作为一种简洁、明确、主题单一的非正式文件，可以在会谈时当面递交给对方，现今也经常通过电子邮件报送有关部门或有关人员。备忘录形式比较多样，没有统一而固定的格式，但需要报送的备忘录一般包括备忘录日期（英文用 Date，后面写上完整的日期）、收件人（英文用 To，后面列上每个收件人的姓名和职衔，若收件人是团队、部门、整个公司等群体，则只列上群体的名称）、发件人（英文用 From，后面列上姓名和职衔）、主题（英文用 Subject 或 Re，后面以简洁而明确的短语或句子描述所涉事项）、正文等要素。备忘录通常不用签名，但也可根据信息性质和相关惯例署上签名。商务会议备忘录或用于提醒或宣布即将举行的会议，有着会议通知、征询意见等功能，或用于通报已经召开会议的主要内容，有着会议纪要的功能。以下两例商务会议备忘录分别履行了会议通知和会议纪要的功能。

例 2：

STAFF MEETING MEMORANDUM

Date: August 20, 2024
From: Bryan Covington
To: All Accounting Staff
Subject: Mandatory Staff Meeting

Please be informed that we will have a meeting this coming August 25, 2024, from 1:00 p.m. to 5:00 p.m. This meting will cover the installation of our new accounting system.

Hence, all accounting staff must attend this meeting to learn about the accounting software's essential factors.

Thank you.

例 3：

METRICS MEETING MEMO

Date: January 3, 2023
From: Simon Lee
To: Business Team
Subject: PMO Metrics Meeting

The discussion during the business meeting on January 3, 2023 includes review of Metrics Data PDF and the "PMO Metric" section on the home page, and the team's feedback.

The team has also decided not to include a budget template on the PMO website and that there is no need for additional website sources.

Thank you.

3. 商务会议记录

商务会议记录是集中反映会议基本情况、主要精神和决定事项的书面材料，虽然不必逐字逐句记录会议上的所有发言，但应真实、准确并尽可能详细地记录有关动态。它主要包括主标题、会议基本情况、会议内容等要素，最后通常署上记录人和主持人的签名。主标题可以包含会议名称或者公司名称；会议基本情况包括会议的主持人、记录人、时间、地点、出席人（数）、缺席人（数）等；会议内容包括会议中的相关活动以及发言人、主要发言的中心思想、有争议的问题、决议等。

例4：

BUSINESS MEETING MINUTES FOR JONES CONSULTANTS INC

I. MEETING DETAILS

Chairperson: Kathleen Jones
Secretary: Andrew Cruz
Date: January 11, 2021
Time: 10:00 a.m.
Location: Jones Consultants' Headquarters
Street Address: 1234 Main St.
City: Los Angeles
State: CA   **Zip:** 91111

II. ATTENDEES

- Kathleen Jones
- Andrew Cruz
- Jane Richardson
- Matthew Johnson
- Caroline Vogel
- Brady Foster

III. ABSENCES

- Jeffrey Bowler
- Sarah Andrews
- Clayton Pelch

IV. CALL TO ORDER

Previous Meeting Minutes—Speaker Kathleen Jones—10:05 a.m.

There was a call to order by the Chairperson to approve the meeting minutes from the January 4, 2021 meeting. Attendees voted unanimously to approve the minutes.

Current Meeting Agenda—Speaker Kathleen Jones—10:15 a.m.

The meeting agenda was distributed to all attendees, who were given time to review for any questions or additions.

At 10:23 a.m., the attendees voted unanimously to approve the agenda without any additions.

V. OLD BUSINESS

Search for New Office Manager—Speaker Jane Richardson—10:24 a.m.

As mentioned in last week's meeting, interviews have begun for the open position of Office Manager. Any new applicants will be kept on hold until the first round of interviews has been completed.

First Quarter Goal Setting—Speaker Matthew Johnson—10:30 a.m.

As mentioned in last week's meeting, all employees must schedule a one-on-one meeting with their supervisor to discuss their goals for the first quarter of 2021. These meetings must be completed no later than January 22, 2021.

VI. NEW BUSINESS

New Client—Speaker Caroline Vogel—10:42 a.m.

As of the new year, Caroline has secured a new business client, Art Promotions, LLC., based in San Diego, CA. Their main goal is to develop a new space plan for company headquarters that is more in line with the current company culture. Caroline will travel to San Diego from January 19–29, 2021, to begin space planning with Art Promotions, LLC. executives.

VII. OTHER ITEMS

2021 Holiday Schedule—Speaker Kathleen Jones—10:55 a.m.

The paid holiday schedule for 2021 will be:
- New Year's Day, January 1, 2021
- Martin Luther King, Jr. Day, January 18, 2021
- Easter, April 4, 2021
- Memorial Day, May 31, 2021
- Independence Day, July 4, 2021
- Labor Day, September 6, 2021
- Indigenous Peoples' Day, October 11, 2021
- Thanksgiving, November 25–26, 2021
- Christmas, December 24–25, 2021
- New Year's Eve, December 31, 2021

VIII. ADJOURNMENT

End of Meeting—Speaker Kathleen Jones — 11:00 a.m.

Minutes submitted by: *Andrew Cruz* **Print Name:** Andrew Cruz

Approved by: *Kathleen Jones* **Print Name:** Kathleen Jones

第二节
翻译方法与技巧

2.1 商务会务文书的特点

商务会务文书通常需要对会议涉及的各种材料、与会人员的发言等进行综合分析和概括提炼,从而能集中反映会议的计划或方案、主要精神、决定事项等,以便准确、及时、简洁地传达与会议相关的信息,必要时还可作查阅之用。因此,商务会务文书总体上具有纲要性、条理性、真实性等特点。纲要性是指其通常在整理和提要的基础上形成;条理性是指其主要内容一目了然,能为与会人员、合作伙伴等提供明确的参考;真实性是指其必须以客观现实为依据,不加入个人主观性的评价。

在语言方面,商务会务文书为了凸显内容的客观真实性,句式以陈述句、被动句等居多,时态以现在时为主;同时,为了比较顺畅地沟通信息,行文表达讲究适度得体,不追求生动活泼,更不能随情任意,总体上显得朴素平实、通俗易懂。一般而言,商务会务文书的语言难度整体不大,主题和功能通常较为单一,如果译者能够重点了解并熟练掌握一些常用的翻译方法与技巧,对这类文体做到等功能翻译相对比较容易。

2.2 常用的翻译方法与技巧

英语和汉语存在着较大的差异,翻译时,译者通常要做出一些变通,这种变通就体现了一定的翻译方法与技巧。英译汉时,译者常用的翻译方法与技巧主要有增减重复法(amplification, omission & repetition)、词性转换法(conversion)、正反译法(affirmation & negation)、分合移位法(division, combination & shifting)、巧用四字格法(skillful use of four-character phrases)等,这些主要是针对词汇、短语、分句等做出的变通,本节将对它们逐一介绍。另外,还有一些翻译方法与技巧是专门针对句型结构做出的变通,如长句拆译法、被动语态的译法等,这些将在后面的章节进行详细讨论。必须指出的是,各种翻译方法与技巧并不是相互孤立的,有时即便是翻译某个词汇,译者也需要将多个翻译方法与技巧联合起来使用,因而应该对它们进行全面了解并尝试在实践中灵活运用。

2.2.1 增减重复法

翻译很难做到完全逐字对应，因而译者有必要在准确传达原意的前提下，根据表达需要，灵活采取增词法、减词法或者重复法。

使用增词法主要出于三种考虑：一是便于把意思表达得更清楚；二是使译文更为地道；三是更好地传达原作者的意图。

例1：

<u>Presidential historian</u> Michael Beschloss on Sunday said former President Trump's handling of classified documents after he left office did not align with the actions taken by his predecessors.

<u>研究总统的历史学家</u>迈克尔·贝施洛斯周日说，前总统特朗普离任后对机密文件的处理与前任总统的做法不一致。

例2：

Asia's strength of economic management, however, has not been its perfection, but its pragmatism and flexibility.

然而，亚洲经济管理向来不以完美<u>见长</u>，而是以务实和弹性<u>取胜</u>。

例3：

In the evening, after the banquets, the concerts and the table tennis exhibitions, he would work on the drafting of the final communiqué.

晚上在<u>参加</u>宴会、<u>出席</u>音乐会、<u>观看</u>乒乓球表演之后，他还得起草最后公报。

例1中的词组 presidential historian 若译成"总统（的）历史学家"则让人费解，增加"研究"一词才能使语义清晰明了；例2根据上下文增加"见长""取胜"，使译文不仅意义更为明确，也更符合汉语的表达习惯；例3中作者的意图似乎是刻画"he"很忙，若译为"晚上在宴会、音乐会、乒乓球表演之后，他还得起草最后公报"，句子虽然比较通顺，但只是表达了"起草最后公报"的时间，并不能让译文读者产生"他"很忙的印象，故而需要增加三个动词，以表明"他"参与了很多活动。

减词法又称为省略法，是指删去一些对译文来说可有可无或者翻译了反而使译文显得累赘或者违背译语表达习惯的词，以使译文更加简洁流畅。

例4：

University applicants who had worked at a job would receive preference over <u>those who had not</u>.

在报考大学的人中，有工作经验者优先录取。

例4译文将英文画线部分的内容省略不译，因为汉语中"优先"已经习惯上隐含了"比……优先"之意，比如我们通常说"女士优先"而不是"女士比男士优先"。

重复法是指译者在译文中将一些关键性的词加以重复，或者将某个词翻译成两个或两个以上意义相近的词或词组，其本质上也是一种增词法。

例5：
These seemed to call into question the dominance not only of Western power, but of Western ideology.

这一切似乎不仅使西方强权的垄断地位受到质疑，而且也使西方意识形态一统天下的局面受到质疑。

例5译文将"call into question"重复翻译，同时将"dominance"翻译成两个同义词组，使译文既表意明确，又不显单调。

2.2.2 词性转换法

由于英汉两种语言表达方式的差异，在英汉翻译过程中，译者经常要用到词性转换法。词性转换可以根据译语表达的需要在几乎所有词性之间进行，比如名词转换成动词，形容词转换成动词，副词转换成动词，介词转换成动词，动词转换成名词，名词转换成形容词，形容词转换成副词，名词转换成副词，等等。现略举两例。

例6：
Time Warner will pay TCI 360 million dollars for Southern Satellite company.

时代华纳愿付给TCI三亿六千万美元购买南方卫星这家公司。（介词转换成动词）

例7：
Subsequent to the trials and tests, a very substantial order will soon be placed for these vehicles.

试航和测试之后，将大量订购这些车辆。（形容词+名词词组转换成副词+动词词组）

2.2.3 正反译法

所谓正反译法，就是译文从与源文相反的角度来表达相同的意思或描述同一景象。在大多数情况下，正反译法可以更简单、更直观地理解为：源文是肯定结构的时候，译文就用否定结构，反之亦然。

英汉两种语言由于思维方式、表达习惯等方面的差异，有时在语言表达角度上刚好相反，即英语从正面表达，汉语则从反面表达，反之亦然。例如，英语公示语"Wet Paint"和"No Parking"对应的汉语公示语分别是"油漆未干"和"禁止停车"。在这种情况下，正反译法通常是由于照源文角度表达在译文中完全行不通而不得已采取的一种变通手段。

例8：
The New York Port Authority stipulates that barium carbonate should be packed in fibre drums <u>instead of in bags</u>. The leakage was attributed to <u>failure to</u> effect shipment according to the packing terms.

纽约港务局规定碳酸钡应该用纤维板制成的桶装，而<u>不应</u>袋装。泄露是由于<u>未</u>按包装规定发货所致。

例9：
It is a long lane that has <u>no turning</u>.

长路必<u>有弯</u>，人到绝境必有转机。

例8中的instead of 和 failure to 若照源文分别译为"代替"和"失败"会使译文显得非常别扭，故译者从反面着笔，分别译成否定词"不应"和"未"，使译文更符合汉语表达习惯。例9源文是谚语，相当于是设想在某个理想、抽象的状态下"长长的小路没有弯"，因为对应的现实情况总是"长路必有弯"。强调句型"It is ... that ..."结构的谚语，通常可以理解为从理想、抽象的角度总结某一生活经验，而与英语的这种思维方式不同的是，汉语的谚语通常从现实、具体的角度总结生活经验。因此，翻译这种结构的谚语时，一般采取正反译法。当that分句为否定结构时，一般译成肯定或双重否定结构的句子，如例9所示，又如"It is a good man that never stumbles and a good wife that never grumbles"译为"世间没有从不犯错误的丈夫，也没有从不唠叨的妻子"；当that分句为肯定结构时，一般译成否定结构的句子，如"It is a good divine that follows his own instructions"译为"再好的神甫也不见得会遵守自己的教导，能说者未必能行"。

如果译文可以照源文角度表达，是否采取正反译法由译者的表达偏好而定，但若这种译法会使译文产生更好的表达效果，则应该注意。

例10：
The world will little note, <u>nor long remember</u>, what we say here, but it can never forget what they did here.

译文一：我们今天在这里说的话，世人将不大注意，<u>也不会长久记住</u>，但勇士们在此的业绩，人们将永志不忘。

译文二：我们在这里说了什么，世人会很少注意，<u>也将很快忘记</u>；但勇士们在这里做了什么，世人却绝难忘怀。

译文一将nor long remember译为"也不会长久记住"，句子虽然通顺，但不能很好地传达出源文中鲜明的对比效果；译文二将之译为"也将很快忘记"，采取了正反译法，从而使"忘"与"不忘"形成鲜明对比的效果。

2.2.4 分合移位法

英汉翻译过程中，或因很难把源文结构整个保存下来，或为了产生更好的表达效果，译者需要对源文结构作较大的调整，把其中的某些词、短语、句子进行切分、合并或者移位。

切分通常是长句拆译法中的一个重要步骤（参见第六章），但对某些简单句的翻译来说，也是一个非常必要的方法。有时为了使译文更为顺畅，译者需要把简单句切分为几个部分，按源文顺序或稍作调整后译成由几个分句构成的复句，或者由几个连贯、衔接的句子构成的简单句群；有时简单句中的某个词或短语很难照源文结构翻译，只能将之切分后抽离出来译成单独的分句或句子。

例 11：
Failure to observe this rule will automatically result in members being removed from the register of qualified users.
若会员不遵守此规则，将自动撤销其用户资格。

例 12：
And a growing minority of Western intellectuals agreed.
越来越多的西方知识分子当时接受这种看法，虽然从数量上说，他们仍是少数。

例 11 和例 12 均将源文中的简单句转换成译文的复句。例 11 将源文简单句切分为两大部分，译成假设关系的复句。例 12 中 growing minority 的语法结构无法适应译文，只有拆开两词，并把其中的 minority 抽离出来单独译成表示转折关系的分句。

合并是把几个词、词组、分句甚至句子合起来处理，以使译文更为精炼或更符合译语习惯。

例 13：
We must reach our goals and aims.
我们必须达到目的。

例 14：
The most significant liberalization measures were the easing of exchange controls in the three major industrial countries that had maintained such controls—France, Japan, and the United Kingdom. This relaxation permitted residents of these countries access to foreign currency investments, thereby increasing the substitutability of domestic and foreign assets.
最重要的开放措施是一直保持外汇控制的三个主要工业国——法国、日本和英国——放松了这些控制，允许居民从事外汇投资，从而增加了国内和国外资产的可替代性。

例 13 中 goals and aims 是两个同义词构成的词组，译文将它们的意思合并起来，用一个词表述。例 14 源文是两句，但第二句的 this relaxation 与第一句的 liberalization measures 指称内容相同，而且第一句的语义完全可以延伸到第二句，故译文将两句合并成一个较长的句子。

移位在某种意义上可视为一种切分，与长句拆译法中对源文语序的调换（参见第六章）也有些类似，不过这里主要指译文根据译语表达习惯或语义表达效果的需要，调换源文某一语言成分的前后次序。

例 15：
The company is well positioned for continued growth and expansion into new markets.
公司在持续发展和向新兴市场拓展方面具有极大优势。

例 16：
I knew every spot where a murder or robbery had been committed or a ghost seen.
哪里发生过凶杀案或盗窃案，哪里闹过鬼，我都知道。

例 15 把在源文中居于后面的状语前移，以使译文符合译语表达习惯。例 16 将在源文中居于句首的 I knew 调换到最后，若按源文顺序译为"我知道每个发生过凶杀案或盗窃案或者闹过鬼的地方"，虽然基本传达了源文的意思，但读起来不够顺畅，也不能体现出说话者的自信语气。

2.2.5 巧用四字格法

广义上讲，四字格就是由四个汉字构成的词组，它是一种独特的表达方式，具有言简意赅、整齐划一、节奏感强等特点。在英汉翻译过程中，巧用四字格不仅可以很好地解决有时按照源文措辞方式语句不自然或表意不清楚的问题，还能使译文更为精炼，更具表现力。一般而言，四字格主要用于三种情况：（1）几个英文词汇以比较松散的结构组合在一起；（2）在一定语境下某个英文词汇含有较丰富的意思，处理起来有一定的难度；（3）几个英文词组或者分句构成了平行结构。下面各举一例加以说明。

例 17：
Officials of the two countries shook hands, smiled and joked as they opened historic talks aimed at normalizing relations after years of hostility and a decade-long off-and-on war.
两国在历经多年的对抗和长达十年打打停停的战争之后，为使关系正常化，开启了历史性会谈，此时只见两国领导人握手言和，谈笑风生。

例 18：

Throughout the performance, the dancers never ceased to amaze and delight the audience with their <u>expressive</u>, <u>flowing</u> movements and their <u>flawless</u> timing.

在整场演出中，舞蹈家们生动形象的动作行云流水，<u>一气呵成</u>，他们的整体配合<u>丝丝入扣</u>，<u>无懈可击</u>，观众则始终随着他们的表演时而惊喜，时而欢愉。

例 19：

If you can assure us of <u>workable prices, excellent quality and prompt delivery</u>, we shall be able to deal in these goods on a substantial scale. We, therefore, request you to furnish us with a <u>full range of samples, assorted colors together with your lowest quotation</u> and other terms and conditions.

译文一：若贵公司能保证<u>价格可行、品质优良、交货迅速</u>，我们可以大量经营该商品。因此，我们要求贵公司提供<u>全套样品、各种颜色和最低报价</u>，并告以其他条款和条件。

译文二：若贵公司能保证切实可行的价格、优良的质量和即期装运，我们可以大量经营该商品。因此，我们要求贵公司提供全系列的样品、各种各样的颜色和最低的报价，并告以其他条款和条件。

例 17 中 shook hands, smiled and joked 的结构比较松散，译为"握手，微笑，开玩笑"会使语句明显不自然，而四字格就能很好地将意义凝练起来，这也相当于采取了合并法。例 18 中 expressive、flowing、flawless 等单个英文词汇如果分别译成"富于表现力""流畅""完美"，译文可能不够流畅，故译者根据具体语境使用了四字格。另外，译文将 flawless 用两个意思相近的四字格表达，是为了跟前面两个四字格构成对称，从而增强表达效果，这也相当于采取了重复法。例 19 源文中有两处平行结构，译文一用四字格来翻译这两处平行结构，译文二不用四字格，相比较而言，译文一不仅节奏感更强，也更为紧凑，故而表达效果更好。

四字格虽然有很多优点，但使用时要首先考虑是否能够准确传达源文意思、是否符合译语的语法规则等问题，切不可滥用，尤其是要慎用一些四字格成语，否则只能弄巧成拙。

例 20：

But in a larger sense, we cannot dedicate—we cannot consecrate—we cannot hallow—this ground.

译文一：但是，从更重大的意义上说，我们并不能使这片土地成为圣地，我们并不能使它流芳百世，我们并不能使它永垂不朽。

译文二：然而，广义上讲，供奉此地，使之神圣，促之圣洁，非我等所能。

例 20 中 dedicate、consecrate、hallow 三词均有"使（土地）变得神圣"之意，但译文一的"流芳百世"和"永垂不朽"不仅不能表达源文意思，在译语中也明显属于用词不当，因为这两个四字格成语一般只用来形容人或跟人有关的事迹、精神等，不能用来形容土地等本身就是永恒的事物。

第三节

实例精解精译

原文：

Meeting Memorandum

To: Beltline Facility Plan Stakeholder Advisory Committee[1]
Copies: Savannah Crawford
From: Kristin Hull
Date: September 9, 2009

At our SAC[2] meeting on September 17, 2009, we will review the families of concepts[3] in relation to the Beltline Highway. We will show you a "footprint"[4] or area of impact for each concept family and an example concept to represent the intent of each family. We will be asking for your input[5] on what aspects of each concept family you like or don't like.

To assist our discussion, we completed a high level screening[6] of each concept family based on the general footprint and operating characteristics. To conduct this screening we made a general assessment of how well each concept family met the intent of each criteria category in our evaluation framework. As a reminder, those categories include:

- mobility, reliability and connectivity;
- safety;
- community livability and economic vitality;
- environmental impacts;
- cost effectiveness[7].

Each concept family represents a classic solution to the problem of closely spaced interchanges[8] on the highway. Different aspects of each concept family could be combined and there are many variations on the themes expressed in each concept family. In addition, there are other kinds of solutions that we may want to look at[9] in combination with these families of concepts. New crossings of the Willamette River[10] on the local street system and improvements or changes to the local street system could be considered along with any of the families of concepts.

After we show these families of concepts to you, we will share the concept families and your input with the Project Steering Committee on October 5. Once we have input from the Project Steering Committee, the consultant team will begin to develop[11] concepts for evaluation. We will review the evaluation of the concepts at our next meeting, likely in November[12].

Please feel free to contact me with any questions in advance of our meeting next week. I look forward to seeing you.

注释：

1. Beltline Facility Plan Stakeholder Advisory Committee：绕城高速计划利益相关者咨询委员会。beltline 一词根据上下文取韦氏在线词典提供的义项"a transport line (such as a highway) that typically encircles a city"，可译为"绕城高速"。
2. SAC：根据上下文可以推知是上面 Stakeholder Advisory Committee 的缩略语。
3. families of concepts：与下文的 concept family 大致同义，这里 family 应理解为 a group of things related by common characteristics，该词组可译为"观念派别"。
4. footprint：这里不能简单地理解为"脚印"，根据上下文，其应与后面的 area of impact 同义，可译为"覆盖区"。
5. input：本义为"输入"，这里应理解为 something that is put in, such as advice, opinion or comment，可以译为"意见"。
6. screening：这里应理解为 examining usually methodically in order to make a separation into different groups，可译为"甄别"。
7. 这里列举的几个范畴在段落开头用了点句符（bullet point，即"•"），这是英文列举事项时的常用符号，而中文不太习惯使用这一符号，翻译时可根据具体情况省略这一符号或将之改为编号的形式。
8. closely spaced interchanges：密集互通式立交。
9. look at：这里是固定短语，应理解为 to think about, consider or study，可以译为"考虑"。

10. Willamette River：威拉米特河，美国西北部河流，流贯俄勒冈州西南部。
11. develop：这个词有很多意思，这里根据上下文可理解为与expound同义，即"详细阐述"。
12. 本句在翻译时不妨首先考虑汉语通常按照动作发生的先后顺序进行表述这一行文逻辑，循着"召开会议—讨论问题"的思路对源文语序进行适当调整，必要时可以将源文翻译成两个分句。

参考译文：

会议备忘录

呈交：绕城高速计划利益相关者咨询委员会
抄送：萨凡纳·克劳福德
发自：克里斯汀·赫尔
日期：2009年9月9日

2009年9月17日将召开利益相关者咨询委员会会议，会上我们将审核与绕城高速相关的一些观念派别。我们将向你们说明各观念派别的"覆盖区"或者影响面，并展示代表各派别意向的典型观念。我们还将征求你们的意见，请你们讨论一下喜欢或不喜欢各观念派别的什么方面。

为便于讨论，我们完成了对各观念派别以总体覆盖区和运作特征为依据进行高水平的甄别。为实行甄别，我们在评估框架内总体上评估了各观念派别在多大程度上满足各标准范畴的意向。提醒一下，这些范畴包括：

一、机动性、可靠性和连通性；
二、安全性；
三、社区宜居性与经济活力度；
四、环境影响；
五、成本效益。

对于高速公路上密集互通式立交的问题，每个观念派别代表了一种经典解决方案。各观念派别的不同方面可以融合到一起，各观念派别表达的主题也有许多形式。此外，还有我们想结合这些观念派别加以考虑的其他解决方案。在地方道路系统上新建威拉米特河道口以及改善或改变地方道路系统，都可以连同任何观念派别一起考虑。

向你们展示这些观念派别之后，我们将在10月5日与工程指导委员会分享这些观念派别以及你们的意见。一旦我们收到工程指导委员会的意见，顾问团队将开始详细阐述一些评估观念。下次会议可能在11月举行，届时我们将审核对这些观念作出的评价。

在下周会议之前若有任何问题，请随时与我联系。我期待与你们的会面。

练习题

一、翻译下列句子，注意画线部分使用增减重复法。

1. We want to buy <u>quality steel</u>.
2. Nike's obsession with <u>cost, quality and speed of production</u> has enabled it to beat the competition.
3. Review the marketing campaigns from last year, identify seasonal slumps in product demand, brainstorm ways to increase demand during these slumps <u>and</u> make sure we're prepared for the next marketing campaign.
4. The <u>discussion</u> during the business meeting on January 3, 2024 <u>includes</u> review of Metrics Data PDF and the "PMO Metric" section on the home page, and the team's feedback.

二、翻译下列句子，注意画线部分使用词性转换法或正反译法。

1. The five-speed manual gearbox is smoothness <u>personified</u>.
2. While email may be the main form of communication for many businesses, phone calls are still a frequent <u>necessity</u>.
3. Notice is hereby given that the <u>water supply is not available</u> from 7:00 a.m. to 11:00 p.m. tomorrow, owing to the repairs of the water pipes.
4. Unemployment has <u>stubbornly refused to contract</u> for more than a decade.

三、翻译下列句子，注意画线部分使用分合移位法。

1. This is a <u>thought-provokingly different</u> explanation.
2. The Chinese seemed <u>justifiably</u> proud of their economic achievements.
3. <u>Please be informed</u> that we will <u>have a meeting</u> this coming October 25, 2024, from 1:00 p.m. to 5:00 p.m. <u>This meeting</u> will cover the installation of our new accounting system.
4. Alison asked her employees to make the call on <u>how that money should be spent</u>, instead of just deciding for them.
5. <u>Never before</u> have so many people had to take so much responsibility for their own long-term finances.
6. Please let us know <u>whenever we can help you</u>.

四、翻译下列句子，注意画线部分用四字格翻译。

1. Some personnel executives complained that many college graduates they had interviewed here had <u>two-star abilities with five-star ambitions</u>.
2. Companies with a big staff find themselves <u>squeezed</u> between high operating costs and shrinking business.

3. There is no doubt that she is her husband's professional and intellectual <u>equal</u>.
4. The present-day American society is disfigured by huge blemishes: <u>entrenched poverty, persistent racial tension, the breakdown of the family and staggering budget deficits</u>.
5. When the first Boeing 747 rolled off production line on September 30, 1968, it was immediately nicknamed the jumbo and raised fears that its enormous size would <u>overwhelm airports, overload passenger terminals and baggage facilities, overrun customs and immigration units, and overstress taxiways and runways</u>.

五、以下段落节选自第一节中商务会议记录样本，将它们翻译成汉语。

IV. Call to Order[1]

Previous Meeting Minutes—Speaker Kathleen Jones—10:05 a.m.

There was a call to order by the Chairperson to approve the meeting minutes from the January 4, 2021 meeting. Attendees voted unanimously to approve the minutes.

Current Meeting Agenda—Speaker Kathleen Jones—10:15 a.m.

The meeting agenda was distributed to all attendees, who were given time to review for any questions or additions[2].

At 10:23 a.m., the attendees voted unanimously to approve the agenda without any additions.

V. Old Business[3]

Search for New Office Manager—Speaker Jane Richardson—10:24 a.m.

As mentioned in last week's meeting, interviews have begun for the open position[4] of Office Manager. Any new applicants will be kept on hold until the first round of interviews has been completed.

First Quarter Goal Setting—Speaker Matthew Johnson—10:30 a.m.

As mentioned in last week's meeting, all employees must schedule a one-on-one meeting with their supervisor to discuss their goals for the first quarter of 2021. These meetings must be completed no later than January 22, 2021.

VI. New Business

New Client—Speaker Caroline Vogel—10:42 a.m.

As of[5] the new year, Caroline has secured a new business client, Art Promotions, LLC.[6], based in[7] San Diego, CA[8]. Their main goal is to develop a new space plan for company headquarters that is more in line with the current company culture. Caroline will travel to San Diego from January 19 to 29, 2021, to begin space planning with Art Promotions, LLC. executives.

注释：

1. call to order：这里是固定词组，意为"正式宣布开会"（to ask people in a meeting to be quiet so that the meeting can start or continue）。
2. questions or additions：不能简单地译为"问题或添加"，可考虑根据上下文使用增词法，比如译为"（提出）问题或添加（议事项目）"。
3. old business：不能简单地译为"老业务"或"旧业"，这里其实意同 unfinished business，根据上下文应译为"接续上次会议的所提事项"。同样，下文中的 new business 应译为"本次会议的讨论事项"。
4. open position：虽然有"开启位置（状态）"之意，但这里应根据上下文取其引申义，即"空缺职位"。另外，在金融行业，该词组通常根据具体语境译为"敞开头寸""未平仓头寸""持仓头寸"或"建仓"。
5. as of：也说 as from，指某事物开始的时间或日期（indicating the time or date from which something starts），根据上下文可译作"从……时起""于……""在……"等。
6. LLC.：有限责任公司（Limited Liability Company），这是现今美国较为流行的公司组成形式。
7. based in：不能简单地译为"基于……"，应根据上下文译为"总部设在……"。
8. San Diego, CA：加州圣地亚哥。美国的每个州都分别有一个邮政缩写和一个标准缩写，CA 为 California 的邮政缩写，标准缩写是 Calif.。

单元知识检测

第四章
产品说明书的翻译

第一节　基本常识

1.1　产品说明书的定义

产品说明书是一种常见的说明文,是全面介绍产品的外观、构造、用途、性质、性能、规格、安装步骤、操作程序、使用方法、保养维护、注意事项等信息的文字材料。它一方面为产品与用户架起了桥梁,帮助用户认识、了解产品,指导用户正确使用产品,做到科学消费;另一方面也传播了知识,宣传了企业,在某种意义上兼有广告的功能。

在英文中,用于指称产品说明书的词汇有很多,如 manual、instructions、guide、guidebook、handbook、primer、vade mecum 等,其中尤以 manual 指代有关产品的使用、维护等详细信息的官方书面文件。这些英文词汇虽然在一定程度上可以通用,但也体现了产品说明书在某种非严格意义上的分类。在较为严格的意义上,产品说明书可以按照不同的标准分为多种类型:按行业或对象可分为工业产品说明书、农业产品说明书、金融产品说明书、保险产品说明书、医药说明书、食品说明书等;按性质可分为特殊产品说明书、一般产品说明书等;按说明方式可分为详细产品说明书、简要产品说明书等;按形式可分为文字式产品说明书、图表式产品说明书、文字和图表结合式说明书等。

1.2　产品说明书的框架结构

标准的产品说明书一般由前页（front matter）、正文（body）和附加资料（back/end matter）三部分组成,每部分又可能会分出几个不同的结构,在不同类型的产品说明书中,每部分的内容、篇幅、写法等也不尽相同。

1）前页。前页通常由扉页（title page）、范围（scope）、警告和注意事项（warnings and cautions）、目录（table of contents）等部分组成。扉页是前页的第一部分,一般包括产品说明书的标题（title）、版本号（version number）、修订情况（revision description）、撰写人（author）等信息,有时为了让读者一眼就能看出说明对象,通常还会附上产品的图片。范围告诉读者产品说明书涉及和不涉及哪些内容。警告和注意事项用于提醒用户正确使用产品,避免造成危险。较为复杂的产品说明书都有目录,以方便读者查询相关内容。另外,如果涉及产品的安装、维修、维护等问题,产品说明书还需列出设备、工具、零件等的清单。

2)正文。正文是产品说明书的主体,内容、篇幅、写法等没有固定的模式。一般而言,正文部分无论篇幅长短,都应包含概念性信息(conceptual information)和步骤性信息(procedural information)。概念性信息比较全面地介绍产品的基本情况、工作原理等,以帮助用户理解步骤性信息;步骤性信息比较详细地介绍用户在安装、使用产品时所必须执行的一些步骤。正文的文字表述可根据具体情况采取条款式、概述式或综合式的形式。条款式对产品的有关情况进行逐项分条介绍和说明;概述式从整体上对产品的有关情况进行详略得当、具体细致的介绍和说明;综合式结合了条款式和概述式的特点,既有整体性的介绍和说明,又有逐项分条的具体说明。在文字表述中,也可以根据需要插入图片、图表等辅助性信息,以帮助读者更好地理解和掌握。

3)附加资料。附加资料是产品说明书的结尾部分,其组成部分和繁简程度视产品的具体情况而定,可能包括故障排除(troubleshooting)、维护和保养(maintenance)、附录(appendix)、术语汇编(glossary)、索引(index)等中的一项或几项。

必须指出的是,篇幅较长的前页和附加资料主要见于复杂的详细说明书,而这两部分在简要产品说明书中通常或被大幅简化,或不容易被注意到。简要产品说明书一般由标题、正文和结尾三部分构成。标题通常占一到两行;正文尽可能在有限的篇幅内把产品的基本情况交代清楚;结尾主要包括产品的执行标准、批准文号等信息以及产品的生产或经销企业的名称、地址、电话和传真号码、网址等。

第二节

翻译方法与技巧

2.1 产品说明书的特点

产品说明书是信息型文本,其主要功能是帮助用户熟悉和正确使用产品,因而首先应该具有实用性和可操作性。在内容表述方面,产品说明书还必须兼具真实性、条理性、专业性、通俗性等特点。为正确指导用户,产品说明书应该以科学的方式客观、真实、准确地介绍产品,不得有任何夸大之辞,否则会产生不良后果;为便于用户理解,还应尽量做到条理清晰,把产品特征、基本原理等重要信息逐条解释清楚;一些产品说明书会涉及相关的专业知识,具有一定的专业性;同时,由于其主要用于服务普通用户,专业性中也不乏通俗性。

在语言方面,产品说明书主要有以下特点:

第一,广泛使用祈使语气(imperative mood)。

祈使语气是表达直接命令或请求的语气,在产品说明书中,相当于指导者直接向阅读说明书的用户发出指令,促使用户主动投入实践,这样会让用户更清晰地理解并掌握使用产品的方法、步骤等,故而使产品得到广泛使用。试比较下列句子:

a) Press the red button to begin playing the game.
b) When the red button is pressed, the game will begin.
c) The operator should press the button to begin playing the game.

尽管上述三个句子意思基本一样,但只有使用祈使语气的句 a) 明确表示了用户该如何做,使用被动语态的句 b) 没有指明按钮究竟由谁来按,句 c) 的陈述语气则可能会让用户感到困惑,因为主语"operator"(操作者)是一个比较模糊的概念。

第二,经常使用平行结构(parallelism)。

平行结构即以相同的语法结构呈现信息,尤其常见于产品说明书中的小标题、产品特点介绍、操作步骤等处,如下例所示:

- Installing batteries
- Turning device off/on

• Charging your device

上述三个词组选自某产品说明书中的小标题，它们是 -ing 分词短语构成的平行结构，形式上的整齐划一既增强了产品说明书的连贯性和可读性，也使用户对接下来的内容或下一步的操作产生一定的预期，从而更容易接受与产品有关的各方面知识。

第三，在目标用户认知范围内使用专业词汇。

涉及相关的专业知识时会不可避免地使用一些专业术语，但一般不会使用行话俚语。使用的专业性缩略语若不为主要目标用户熟悉，通常会在其首次出现时拼出全称，对于一些较为复杂的专业术语，也会尽可能用简洁明了的语言将之阐释清楚。

第四，尽量使用清楚易懂的表达方式。

产品说明书通常避免使用比喻、夸张等修辞手法，并尽量使用较为简单的句子结构，以做到表意清楚易懂，不让用户产生误解或让用户感到难以理解。

产品说明书相对而言受众范围较广，通常需要根据主要目标用户的文化背景、对相关专业知识的熟悉程度等采取恰当的说明方式，因而除上述主要特点外，还会呈现其他细节性的特点，但语言在总体上仍比较朴素平实。翻译产品说明书时，若译者能灵活运用第三章所讲的常用的翻译方法与技巧，一般可以使译文较好地再现这些特点。当然，在条件允许的情况下，译文完成后，译者还应针对译语文化中的主要目标用户进行可用性测试，并根据反馈意见确定最终措辞，做好排版设计，以更好地发挥产品说明书的功能。值得注意的是，在产品说明书中，商标名称、产品名称、专业术语等经常以比较特殊的专有名词的形式出现，有时会给翻译带来一定的困扰，接下来将重点讨论外来专有名词的译法。

2.2　外来专有名词的译法

在英汉翻译过程中，外来专有名词主要有音译（transliteration）、移译（transference）、意译（sense-for-sense translation）、间接转译（indirect translation）、混合译法（collage）等处理方法。

2.2.1　音译

音译即不翻译源文词汇的意思，只用译入语的书写系统尽可能近似地转录源文词汇的发音，这种译法早在中国隋唐时期就在佛经翻译实践中流行，并从理论上进行了分类和论述。其中最具影响力的是唐代玄奘法师提出的五种不翻，即"秘密故""多含义故""此无故""顺古故"和"生善故"。玄奘所谓的"不翻"，就是用音译（陈福康，2000：34）。他提出的应该用音译的五种情况，表述成现代汉语分别是：（1）神秘语；（2）多义词；（3）中国没有的物名；（4）久已通行的音译；（5）令人生尊重之念、有利于宣扬佛教的用语。玄奘提出的五种不翻，除（1）和（5）外，其余三种对现代商务翻译如何恰当地使用音译仍具有重要的指导意义，下面分别举例说明。

在英文中，有些词语含义非常丰富，在汉语中没有与之完全对应的词语，如果只翻译其中一个含义，则会造成信息与意义的缺失，这时译者就可以考虑使用音译。例如，carnival 有"狂欢节""露天游乐场""包括竞赛、娱乐、义卖等的盛会""激动人心的事物组合"等含义，而汉语中很难找到一个可以囊括所有这些含义的词，故而有时只能音译成"嘉年华"。

中国没有的物名，或者更广义地说，译语文化中没有的事物、概念等，一般都要使用音译。这种情况也是使用音译的主要因素，相关例子有很多，如 coffee 译为"咖啡"，chocolate 译为"巧克力"或"朱古力"，sandwich 译为"三明治"，carnation 译为"康乃馨"，lemon 译为"柠檬"，calorie 译为"卡路里"，gene 译为"基因"，montage 译为"蒙太奇"，bungee 译为"蹦极"，等等。值得注意的是，现代商务活动中有时可能出于某种目的，对一些中国已有的物名也使用了音译，如 cherries（樱桃）译为"车厘子"，kiwis（猕猴桃）译为"奇异果"，等等。原则上说，这种音译并不恰当，若要突出其产自国外的属性，只需在中国已有的物名前加上"进口"二字即可。《春秋谷梁传》中孔子曰："名从主人，物从中国。"孔子这里虽然主要说的是撰写史书时记载事物名称的方法，同时也正是对译名问题的原则指示（陈福康，2000：5）。"名从主人"和"物从中国"相辅相成，五种不翻中的"此无故"也在某种意义上与之一脉相承。从翻译的视角看，"名从主人"指翻译人名、地名、物名等专有名词时要尊重原始名称；"物从中国"则指源语文化中的某个专有名词若在译语文化中已有完全对应的名称，或与译语文化中的某个名称同指一个范畴的事物、概念等，翻译时应以目标语文化的名称为准。因此，抵制这些不恰当的音译，不仅捍卫了汉语的纯洁性，也保持了源语文化的精神，使译名更为准确。

对于久已通行的音译，译者通常需要遵循约定俗成的译法，不得随意更改音译用字或采用其他译法。例如，trust 通行的音译是"托拉斯"，就不能写成"拖拉思"，Congo 通行的音译是"刚果"，就不能写成"甘果"，New York 通行的音译是"纽约"，译成"新约克"就不妥。当然，有些词存在多种译法通行的情况，例如，台湾和香港地区以及海外华人通常将 New Zealand 译为"纽西兰"，但大陆（内地）更通行的译法是"新西兰"，penicillin 有"盘尼西林"和"青霉素"两个通行的译名，等等。针对这种情况，译者可根据具体语境选取合适的译法。另外，有些词可能存在过不同的通行译名，翻译时，译者通常以当前通行的译名为准，如 opium 存在过"阿片""大烟""鸦片"等通行译名，但现在大多数情况下应译为"鸦片"。

2.2.2 移译

所谓移译，是指把源语词汇通过某种方式移植到译语中，使之成为译语中的借词（loan word）。如今报纸杂志、商务文件、科学技术等文本中经常出现汉语中夹杂一些字母词的现象，例如 BBC、GDP、GNP、WTO、CEO、3D (Dimensional)、4S (Sales, Service, Spare parts and Survey)、FM、ATM、CIF、FOB、DNA、HIV、VCD、DVD、CPU、CD-ROM、Windows、Word 等，这些词大部分看似是源文词汇照抄，实际上是通过移译而来的。随着国际交流越来越频繁，移译作为一种既引进新词又方便交流的手段，在翻译中的运用也越来越广泛。

不同学者对移译这一概念的理解也存在一定的差别。在维奈和达贝尔内（Vinay & Darbelnet, 2000: 84-93）列举的七种翻译方法中，前两种，即借用（borrowing）和仿造（calque），可视为移译的两种具体操作，其中借用即直接移植源语词汇（包括源文词汇照抄和音译），仿造即以直译的方式移植源语的表达或结构（类似于 stagflation 译为"滞胀"，supermarket 译为"超市"，microwave 译为"微波"，Microsoft 译为"微软"，multimedia 译为"多媒体"，download 译为"下载"，blue tooth 译为"蓝牙"，science fiction 译为"科幻"，white collar 译为"白领"，等等）。在纽马克的移译概念中，似乎只包括源文词汇照抄和音译（Newmark, 1988: 81）。邱懋如（2001: 24-27）提出"零翻译"（zero translation）这一概念时，认为其具体表现为省略、音译和移译三种翻译现象，明确将移译局限于源文词汇照抄，并跟音译区分开来。这里我们对移译的理解倾向于邱懋如的将之与音译相区分，但并不局限于源文词汇照抄，而将仿造也包括在内。不过，无论基于哪种理解的移译，其所引入的源语词汇随着时间的推移，通常会跟译语完全融合，从而最终可能不被意识到是由翻译而来。

2.2.3 意译

作为翻译策略与方法的意译通常指句子、语篇等的翻译出于既能准确传达源语意思又便于译语读者理解的需要而舍弃源语形式进行翻译，与之略有不同的是，这里讲的意译是词汇翻译的一种方法，强调翻译时应主要照顾源语词汇的含义。如下面译例所示：

Apple	苹果（将品牌名的词汇含义译出）
Incoterms	国贸条规（译出缩略语全称 international commercial terms 的含义）
syndicate	企业联合组织；财团（也可音译为"辛迪加"）
camera	照相机；摄像头（旧时音译作"开麦拉"，现已被淘汰）
telephone	电话（旧时音译作"德律风"，现已被淘汰）
jumbo	大型客机（"巨无霸"是带有一定源语词汇含义的音译）
club	社团（"俱乐部"是带有一定源语词汇含义的音译）

上面在部分例子中提及了某些词汇在译语中除有意译外还有音译的情况。这里再补充说明几点：（1）有些意译和音译会在一定时间内并存，但在使用过程中可能会随着时间的推移而经历优胜劣汰；（2）一些带有一定源语词汇含义的音译，也可视为某种程度的意译，如最后两例所示，然而，有些为了广告宣传等目的而故意带有一定含义的音译，若该含义跟源语词汇的本义无关，则仍属于纯粹的音译，如 Coca Cola 译为"可口可乐"；（3）音译词所带有的含义若跟源语词汇的本义无关，不应造成译语读者的错误联想，如 AIDS 不应译为"爱滋"，而应译为"艾滋"。

2.2.4 间接转译

间接转译主要用于英语中来自日语词汇的翻译。一般情况下，从日语翻译成英语的词汇，再译成汉语时，译者仍根据相应的日语汉字将其转译成中文。例如：

Toyota	丰田	Hitachi	日立
Hiroshima	广岛	Toshiba	东芝
ginkgo	银杏	koi	（锦）鲤

2.2.5 混合译法

所谓混合译法，是指对源语词汇使用多种译法，然后再拼接组合，形成的译语词汇跟拼贴画有些类似。例如：

T-shirt	T 恤衫（源文照抄式的移译＋音译＋意译）
X-ray	X 光（源文照抄式的移译＋意译）；爱克斯光（音译＋意译）
ice-cream	冰激凌（意译＋音译）
rifle	来复枪（音译＋说明类别的意译）

以上讨论了外来专有名词的几种译法，在实际翻译过程中，译者应根据具体情况灵活运用这些译法，但无论采用哪种译法，都应注意以下几点：

首先，警惕两种语言中的假朋友（faux amis）。例如，oil skin 不能译为"油性皮肤"，而应译为"油布"或"防水布"，"油性皮肤"对应的英文则是 oily skin。

其次，尽可能准确传达源语意思，避免造成误解。例如，CIF 经常被译为"到岸价格"，但在实际使用中造成了误解，有人就指出应将其译为"成本、保险费加运费"，而国际贸易中真正意义上的到岸价格是 DES (Delivered Ex Ship)，即"目的港船上交货"（刘白玉，2010：61）。

最后，有些译法虽然准确传达了源语意思，但若不方便译语读者使用或接受，译者就应考虑其他译法。若 CIF 意译为"成本、保险费加运费"不太方便使用，译者可以考虑将该缩略语源文照抄移译到汉语中。同样的例子如 USB（universal serial bus）意译成"通用串行总线"使用起来也不太方便，故而字母词 USB 更容易为译语读者所接受，并得到广泛使用。另外，需注意的是，上文提及的 DES 作为国贸条规已于 2011 年终止，并被 DAT（Delivered at Terminal）和 DAP（Delivered at Place）所代替。这两个专有名词包含了较多专业性信息，而目前较为通行的意译（分别译为"终点站交货"和"目的地交货"）有可能造成译语读者因仅从字面上理解而导致获取信息不全乃至某种误解，故建议不妨尝试使用源文照抄式的移译法，从而促使从事相关业务的译语读者结合相关资料和语境准确、全面地理解其含义。

第三节

实例精解精译

原文：

Using Your Aviva Fishin' Buddy[1]

1. Remote controlled toys use radio frequencies to communicate between remote and boat. In order for your AVIVA Fishin' Buddy to work properly, make sure you are approximately 300 feet[2] away from other toys using radio frequencies, high tension wires, large buildings and CB radios[3]. Especially when using 2 units[4] at one time.
2. Always make sure the unit is fully charged before use[5].
3. Should the boat fail, remove the battery and turn the nose[6] straight up to allow water to drain from the inside. Never attempt to use until you are certain that the inside is free of moisture.
4. Always put your controller[7] down in a secure, dry place when retrieving the boat or fish from the water.
5. AVIVA Fishin' Buddy is for hobby type use only. Do not attempt to use in a tournament type environment.
6. Always stay clear of people, full-sized boats, stationary objects and wildlife.
7. Watch out for other fishing lines that may become tangled in the propeller.
8. Operate only in no current, low wake, low wind conditions.
9. Always check local fishing regulations before use. Some states and areas may not allow use of a remote controlled boat for fishing. Check to determine if fishing licenses are needed.
10. Do not allow the unit to move more than 50 feet away from operator. You could loose communication with the remote.
11. Battery will wear out if motor is used continuously for more than 5 minutes at a time.
12. Discontinue use if batteries feel hot (warm is normal).

第四章　产品说明书的翻译

13. Discontinue use if motor stops working properly.
14. Always operate boat away from people and pets as hair, fingers, clothing, jewelry and other items could become tangled in, damaged by, or injured by the propellers or other moving parts.
15. Always keep hair, fingers, clothing, jewelry and other items clear of the propellers' at all times. When not using the boat, turn off the power to the boat and remove the battery.
16. Keep fishing accessories away from children under 8 years of age. These accessories include sharp fishing hooks, which can cause puncture wounds or lacerations[8]. Always have adults prepare fishing hooks for use.
17. Never use a larger fishing hook than the hooks supplied with this product. Small hooks are designed to limit the size of the fish caught with this product. Using larger hooks could potentially catch too large a fish, resulting in loss of this product and injury/death to the larger fish.
18. Never allow the antenna to enter the water.
19. Do not use the transmitter's antenna or the retrieving hook[9] as a fishing pole. These items are not intended for this purpose.
20. If engine stalls[10], battery wears out, or boat can not be retrieved[11] using the retrieving hook, use extreme care and have an adult retrieve boat.

注释：

1. 本材料节选自遥控渔船 Aviva Fishin' Buddy 说明书的正文部分。Aviva 是该产品的注册商标名，虽然跟英国最大的跨国保险集团 Aviva 同名，但不是该集团旗下的产品，故不用该集团在汉语中的通行译名"英杰华"。这里不妨将 Aviva 另译为"阿维娃"，使音译带有一定含义（用"娃"暗示该产品是玩具）。Fishin' Buddy 若直译为"钓鱼伙伴"，会使产品形象很模糊；若译为"钓鱼助手"，又有点像电脑软件；不如根据上下文译成"渔船"。
2. 产品说明书的译本应考虑产品的主要目标用户的接受习惯，故英译汉时英制、美制等单位通常要换算成公制单位。1 英尺约等于 0.3 米，这里的 300 feet 经过换算后应译为"90 米"，下文的 50 feet 也应按照同样的方式处理。
3. CB radios：民用波段无线电。CB 是 citizen's band 的缩略语，这里宜采用意译，以使目标用户容易理解。
4. units：这里和第 2 条、第 10 条中的 unit 都不能理解为"单位"，而是指"设备"（a device that has a specified function）。另外值得注意的是，第 10 条中的 unit 不能机械地译为"设备"，而应根据上下文译为"渔船"，以使表意更为明确。
5. 仅在英文祈使句中位于句首的副词 always，若译为"总是""一直"等，不太符合汉语的表达习惯，有时可以结合上下文译为"每次……"，大部分情况下则可以省略不译。
6. nose：这里不能理解为"鼻子"的意思，而指 the front part of (a boat)，即船头。
7. controller：这里应该指的是 remote 或 remote controller。
8. puncture wounds or lacerations：穿刺伤或撕裂伤。
9. retrieving hook：指该玩具配备的一种在渔船无法通过遥控返回时使用的工具，跟天线一样有可伸缩的杆子，一端有钩，直译为"取回钩"可能让人有些费解，不妨理解为"打捞钩"。该产品说明书的其他部分也称之为 telescoping retrieving hook，即"伸缩式打捞钩"。
10. stall：该词有很多义项，这里用作动词，根据上下文可以理解为"不能转动"。
11. can not be retrieved：根据上下文可以理解为"够不着"。

参考译文：

阿维娃渔船的使用

1. 这类遥控玩具使用无线电频率让遥控器和渔船之间产生联系。为让阿维娃渔船正常工作，应确保跟使用无线电频率的其他玩具、高压线、大型建筑和民用波段无线电保持大约 90 米的距离。尤其在两个设备同时使用时更应如此。
2. 每次使用前都要确保设备充满了电。
3. 如果渔船失灵，卸下电池，把船头朝上，排干里面的水。在确信里面没有水分之前，切勿使用。
4. 从水里取回船或鱼时，要把遥控器放在安全、干燥的地方。
5. 阿维娃渔船只作为一种业余爱好使用，不要在比赛类型的环境下使用。
6. 避开人、大型船只、静止物体和野生动物。
7. 注意其他可能缠到螺旋桨的钓鱼线。
8. 仅在无水流、低尾流、低风速的环境下使用。
9. 使用前核实当地的渔业法规。一些国家和地区可能不允许使用遥控渔船捕鱼。还要核实确定是否需要钓鱼许可证。
10. 不要让渔船行驶到距离操作员 15 米以外的地方，这样可能造成跟遥控器失联。
11. 如果马达一次连续使用超过 5 分钟，电池会耗尽。
12. 如果电池发烫（发热是正常的），应停止使用。
13. 如果马达工作不正常，应停止使用。
14. 远离人和宠物操作渔船，因为毛发、手指、衣服、首饰以及其他东西可能被螺旋桨或其他运转部件卷入、损坏或弄伤。
15. 时刻让毛发、手指、衣服、首饰以及其他东西远离螺旋桨。不用时关闭渔船电源并卸下电池。
16. 不要让 8 岁以下的小孩接触钓鱼配件。这些配件包括锋利的鱼钩，会造成穿刺伤或撕裂伤。鱼钩应由成人装好后使用。

17. 切勿使用比本产品配备的钩子更大的鱼钩。小鱼钩是为了限制本产品所捕鱼的大小。使用更大的鱼钩有可能抓到太大的鱼，从而导致本产品丢失以及大鱼受伤或死亡。
18. 切勿让天线进入水中。
19. 不要把发射机天线或打捞钩当作钓鱼竿用，这些物件不能用于此目的。
20. 如果发动机不能转动，电池耗尽，或者用打捞钩够不着渔船，应格外小心，让成人来打捞回渔船。

练习题

一、翻译下列外来专有名词，并说说具体采用了什么译法。
1. Carrefour _____   2. Heineken _____
3. cholera _____   4. Honda _____
5. ISUZU _____   6. V-type engine _____
7. passion fruit _____   8. milkshake _____
9. Rejoice _____   10. DIY _____
11. software _____   12. martini _____

二、下列文本均节选自产品说明书，试分析它们的语言特点，并在翻译之前思考如何应对这些语言特点。

1.
Product Features
- Large capacity.
- Compact size.
- Light weight: less than 15 g.
- USB 1.0/1.1 compliant, supporting plug and play.
- No external power supply, directly powered by USB bus[1].
- Built-in write-protect switch, protecting data from deletion and virus attack.
- Driver not necessary under Windows ME/2000/XP, Mac OS 9.x, Linux Kernel 2.4x operating system or higher.

2.
Warnings
Liver warning[2]: This product contains acetaminophen[3]. Severe liver damage may occur if you take
- more than 4,000 mg of acetaminophen in 24 hours
- with other drugs containing acetaminophen

- 3 or more alcoholic drinks every day while using this product

Allergy alert: acetaminophen may cause severe skin reactions. Symptoms may include:
- skin reddening
- blisters
- rash

If a skin reaction occurs, stop use and seek medical help right away.

Do not use
- with any other drug containing acetaminophen (prescription or nonprescription). If you are not sure whether a dug contains acetaminophen, ask a doctor or pharmacist.
- if you are allergic to acetaminophen or any of the inactive ingredients[4] in this product.

Ask a doctor before use if you have liver disease.

Ask a doctor or pharmacist before use if you are taking the blood thinning drug warfarin[5].

Stop use and ask a doctor if
- pain gets worse or lasts more than 10 days
- fever gets worse or lasts more than 3 days
- new symptoms occur
- redness or swelling is present

These could be signs of a serious condition.

If pregnant or breast-feeding, ask a heath professional before use.

Keep out of reach of children.

Overdose warning: In case of overdose, get medical help right away. Quick medical attention is critical for adults as well as for children even if you do not notice any signs or symptoms.

3.

Troubleshooting

Microsoft updates

Make sure you have the latest Microsoft operating system service packs and other Windows updates installed on your system before you try to troubleshoot a drive problem. These service packs are issued to fix bugs, add drivers, and enhance the security features of your system. See **http://support.microsoft.com** for details about how to install service packs and Windows updates in your system. Contact Microsoft Customer Service for information about obtaining these system enhancements if you don't have Internet access.

Drive does not appear on my PC

Try the following solutions in the order listed:

1. Check to see if the drive is on. The power LED[6] on the front of the drive and the light on the power adapter should be lit.
2. Make sure the power adapter is securely plugged into the drive and into a power outlet. If the drive is plugged into a power strip[7], try plugging it directly into the wall outlet.
3. Check that the USB cable is securely and properly connected to the drive and the USB connector on the PC.
4. While the PC is turned on, unplug the USB cable. Wait 10 seconds and then reconnect the USB cable.[8]
5. See if the PC is recognizing the USB port[9] you are using by checking in the Device Manager window. See the documentation[10] that came with your PC for more information.

I got a message that I have a high-speed device connected to a low-speed port (Windows XP).

This is normal. Windows XP displays a message that you have connected your USB 2.0 drive to a USB 1.1 port. You will not have the high-speed capabilities that you would have using a USB 2.0 port.

I'm having data transfer performance problems with my USB 2.0 adapter card

Your HP Personal Media Drive[11] runs as fast as the host adapter card allows (up to the maximum burst rate of 480 MB per second). If you are having performance issues, make sure that the USB 2.0 card drivers are the most current available and are installed properly.

Software does not work or has stopped working

Reinstall the software. See "Installing Drivers and Software" on Page 6.

Write Cache Enable[12] Does Not Stay Enabled

For protection of your data, Write Cache Enable is turned off with the HP Personal Media Drive. For more information, go to **http://www.hp.com/support**.

Administrator privilege for installing software

Depending on your operating system, you may need to be logged on as the Administrator to install software. See the Windows Help files or the documentation that came with your PC.

商务翻译实用教程
Business Translation: A Practical Course

注释：

1. bus：(computing) a set of wires that carries information from one part of a computer system to another（计算机系统的）总线。
2. liver warning：直接译为"肝脏警告"不符合汉语表达习惯，可根据上下文译为"可能损害肝脏"。下文的"Allergy alert"等类似情况也可按这种方式处理。
3. acetaminophen：(North American English) = paracetamol 醋氨酚（一种替代阿司匹林的解热镇痛药）。
4. inactive ingredients：非活性成分。
5. the blood thinning drug warfarin：抗凝血药物华法林。
6. LED：light emitting diode 发光二极管，这里可以采用源文照抄式的移译。
7. power strip：电源排插；接线板。
8. 注意while引导的从句不一定译成"当……"。另外，此处的两个英文句子也不一定译成两个相互独立的汉语句子，可以考虑合并成一个汉语复句。
9. port：这里不能理解为"港口"，而应理解为计算机专业术语"端口"（a place on a computer where you can attach another piece of equipment, often using a cable）。
10. documentation：这里不能理解为"文献资料""证明文件"等，根据上下文应理解为"说明文件"（the written specification and instructions）。
11. HP Personal Media Drive：惠普个人媒体驱动器。HP是美国公司Hewlett-Packard Company的缩略语，"惠普"为其通行译法。
12. Write Cache Enable：写缓存使能。其中cache又称cache memory，意为"高速缓冲存储器"（an auxiliary memory which stores copies of data that is often needed while a program is running and from which high-speed retrieval is possible）。

单元知识检测

第五章
商务广告的翻译

第一节 基本常识

1.1 商务广告的定义

英语中 advertise 在词源上首先来自拉丁文 advertere，意为 turn towards（转向），其含义也从最初的 turn one's attention to（把注意力转移到……）演化为 bring to someone's attention（引起某人的注意）。汉语中对应的"广告"一词，顾名思义即"广而告之"，单从语义就可看出，广告是能够引起公众注意、具有宣传推广功能的信息传播活动。现代意义上的广告主要指借助报纸杂志、室外广告牌、广播电视、网站、弹窗、电子邮件等媒体形式向目标人群传播某种信息、劝说其采取某种行动的活动。

广告日益深入社会生活的各个方面。在许多人的刻板印象里，广告总是直接推销某种产品，但实际上并非如此。有些广告只是试图强化或建构某种形象，从而影响目标人群的具体行为，或者至少使之停下来作出一番思考。广义上的广告包括不以营利为目的的非经济广告和以营利为目的的经济广告。非经济广告又称非商业广告或效应广告，主要用于政治、法律、文化、公益等的宣传。经济广告又称商业广告或商务广告，主要用于宣传企业、产品等信息。

狭义上的广告仅指以营利为目的的经济广告，亦即这里讨论的商务广告。商务广告是借助各种媒体形式联络生产、销售和消费的纽带和桥梁，是现代商品经济发展的催化剂，主要包括产品广告和公关广告。产品广告通常直接推销某种实体产品或服务产品，向目标人群介绍相关产品的品牌、价格、特点、服务内容、销售地点等信息。公关广告则通常有计划地传播跟某个企业有关的信息，旨在引起目标人群对企业的关注和好感，提高企业的知名度，树立企业的良好形象，在一定程度上也间接推销了某种产品。

1.2 商务广告的构成要素

随着信息技术的发展，现代社会对同一企业、产品等的广告不仅会投放到多种媒体，而且还越来越倾向于选择以多模态的方式传播。所谓多模态，顾名思义即包含两个或者两个以上的模态形式，也就是说从多个视角对事物进行描述。就商务广告而言，多模态意味着将信息传播的各种符号、模式、系统等结合起来，这样可以充分吸引人们视觉、听觉等感官的注意，从而使目标人群更能充分理解并深刻记忆所传达的广告内容。因此，商务广告通常并不只是包含书面文字，即便投放到报纸杂志、室外广告牌等媒体上的较为单调的印刷广告，也往往在文字符号之外辅以色彩、图片等其他符号，而电视、互联网等媒体上的广告则更是经常广泛结合视频、音频、图片、书面文字（主要以招牌、商标、字幕等形式呈现）等多模态信息。从这一意义上讲，商务广告的构成要素包括书面文字、色彩、图片、视频、音频等复杂的多模态信息。

商务广告的复杂性不仅体现在经常广泛结合各种多模态信息，还体现在没有统一的具体结构形式。即便是仅包含书面文字的广告文案（advertising copy），其形式也会因媒体、内容等的需要而多种多样，只能大致描述为由标题（headline）、口号（slogan）、正文（text or body）、尾文（closing idea）等要素构成，而且并非每个广告文案都必须包括所有这些要素。

标题通常放在最显著的位置以大号、醒目、特别的字体加以突出，并不时配合插图造型的需要，其主要作用在于集中体现广告主题，吸引人们的注意，激发人们的好奇心，从而使人们有兴趣进一步了解广告内容。广告标题大体上可分为直接标题、间接标题和复合标题三种类型。直接标题以简明的文字表明广告主题；间接标题不直接表明广告主题，而是通过一定的手法诱发人们对广告内容的联想；复合标题指在主标题之外又加上其他标题，主标题传递较为核心的广告信息，主标题之前有时会加上眉题交代背景，之后则通常加上副标题作为补充。

口号是在同一企业、产品等的广告中长期反复使用的短语或警句，通常以简短的文字概括企业、产品等的特性、优点等，或者直接表达消费者的感受。口号可以用来传达浓缩的广告信息，给目标人群造成强烈的印象，对推广产品、传达品牌或产品的核心理念、树立品牌或产品的良好形象等起着非常重要的作用，但在设计上可以放在广告版面的任何位置。

正文是广告的主体，主要用于对广告主题展开解释或说明，通过提供具体而完整的广告信息，进一步增强目标人群对企业、产品等的了解与认识，从而达到广告的最终目的。其可以是基于客观事实、证人证言、具体数据等层面的详细介绍或理性分析，也可以是通过情调渲染、氛围烘托、故事情节等方式的情绪调动或情感交流。正文可长可短，具体根据广告信息类型、目标人群特征和广告媒介策略等来决定。

尾文又叫随文或附文，是在广告正文之后对相关内容的必要交待或补充说明，主要包括鼓动目标人群迅速采取行动的语句或者与企业名称、商品标识、网址、经销商地址、联系人、联系方式、购买商品或接受服务的方法、售卖时间、服务承诺等有关的信息。除了作为广告正文的补充外，尾文也具有重要的推销作用。

第二节
翻译方法与技巧

2.1 商务广告翻译的理论要点

商务广告是比较复杂的文本,很难固定地归属于功能派翻译理论(参见第二章第二节)所划分的四大类文本中的某一个文本类型。除基本不属于表情型文本外,其可根据具体内容及媒体形式分别归属于信息型、感染型或视听型文本,但大部分情况下兼具四大类文本的主要功能。因此,商务广告翻译本身就面临着较为复杂的翻译方法选择问题。不仅如此,现实市场中的商务广告翻译还须进一步从理论上认识以下几点:

第一,不同目的对商务广告翻译有着不同的要求。在大部分情况下,商务广告翻译可能仅作信息参考之用,也就是说,仅用于帮助某公司了解其海外办事机构或竞争对手在广告中传达的信息。为此,有时译者可能只需要概括式地翻译广告中的一些重要信息,而有时则可能要采取纪实性翻译,较为详细地传达广告的内容、形式、特点等。在有些情况下,商务广告翻译可能用于向译入语文化的媒体提供广告文案,这时就需要采取工具性翻译,使译文和源文有着相同功能。而如果两种社会文化背景存在太大差异,导致无法通过翻译达到商务广告的说服效果(persuasive effect),译者就应该建议摒弃翻译,让广告团队重新设计一个全新的广告文案。

第二,目标人群对商务广告翻译的策略选取有着重要影响。为达到营销目的,商务广告必须根据不同的目标人群选择不同的表现手法。同样,如果商务广告翻译用于向译入语文化的媒体提供广告文案,也必须根据具体的目标人群采取相应的翻译策略。市场营销和广告行业通常会投入大量的时间、金钱和人力进行市场细分,这也会为商务广告翻译精确定位目标人群提供重要参考。有些时候同一产品在不同国家的市场细分可能不尽相同,例如,麦当劳在法国针对的是年轻人,而在西班牙针对的却是儿童。在这种情况下,商务广告翻译就可能需要对源文进行大幅度的改写。

第三,商务广告翻译有时是一种跨文化迁移。不同文化背景的人群对同一广告的反应可能不尽相同,这时就需要使商务广告翻译成为一种跨文化迁移。例如,欧莱雅化妆品的广告口号在面向西方市场时是"Because I'm worth it",但在面向中国市场时为弱化其中体现的西方个人主义价值观,改成"Because you're worth it",对应的中文口号"巴黎欧莱雅,你值得拥有"也使欧莱雅一度成为时尚的代名词,堪称非常成功的翻译案例。可见,为使译文和源文功能相同,商务广告翻译通常离不开跨文化交际分析。

第四,商务广告翻译必须面对多模态翻译这一新课题。如今商务广告大都采取多媒体、多模态的信息传播形式,而商务广告翻译如何处理一些多模态信息通常涉及比较复杂的问题。例如,在视觉信息的处理方面,商务广告翻译必须考虑不同文化的"视觉语法"(Kress & Van Leeuwen, 1996: 1),其中包括色彩的使用、图片的顺序、图标的含义等,从而避免传达错误信息。一个典型的案例就能说明视觉语法的重要性:某洗衣粉广告的插图从左到右的顺序通常是脏衣服—干净衣服,翻译成阿拉伯语时,这一插图顺序却让阿拉伯人解读为干净衣服被该洗衣粉洗成了脏衣服,因为阿拉伯人的阅读顺序是从右到左,对他们来说,右边为已知信息,左边为新信息。商务广告经常通过多模态信息的相互作用达到最佳传播效果,同一产品广告投放到不同国家或地区时,可能需要改变其中某个或所有模态的信息,这种改变也可视为某种程度上的多模态翻译。

以上四点说明,现实市场中的商务广告翻译涉及的问题比较复杂,在很多情况下译者根本无法仅凭一己之力圆满完成任务,而必须与广告团队的其他专业人士进行合作。尽管这四点有助于我们更全面地认识商务广告翻译,但对之进行深入讨论已超出本书的范围。对翻译学习者来说,要为今后从事相关业务打好基础,不妨将重点放在提高语言转换能力上,先从第一点中提及的"仅作信息参考之用"这一目的出发进行商务广告翻译的实践。而要较好地传达商务广告的信息,就有必要对其语言特点有所了解,尽可能使译文再现源文的语言特点。

2.2 商务广告的特点

各种商务广告虽然在文本类型、传播形式等方面具有一定的复杂性,但在语言表述方面却能找到一些共同特点。下面我们主要从词汇、句式和修辞三方面对商务广告的特点进行分析。

2.2.1 词汇特点

商务广告的用词虽然以普通词汇为主,但往往具有鼓动性和感染力,能给人比较深刻的印象,这主要体现在以下几个方面:

第一,通常选用简单词汇乃至口语词汇。商务广告,尤其是商务广告中的口号,通常选用简单词汇乃至口语词汇,以使广告信息既通俗易懂,又能给人深刻印象,达到理想的宣传效果。

例1:
Time is what you make of it. (Swatch)
天长地久。(斯沃琪手表)

例 2：
Just Do It. (Nike)
只管去做。（耐克运动鞋）

例 3：
I'm Lovin' It. (McDonald's)
我就喜欢。（麦当劳）

第二，大量使用形容词。形容词是商务广告中使用频率较高的词类，通常可以增强广告信息的描述性和吸引力。尤其是褒义的形容词以及形容词的比较级或最高级，虽不刻意贬低别人，但却有意突出自身优点、提升自身形象，从而会无形中对目标人群产生积极影响，故在商务广告中更是频繁出现。

例 4：
The Quicker Picker Upper. (Bounty)
一抹就行，更快更干净。（宝洁旗下的帮庭厨房纸巾）

例 5：
Better Ingredients, Better Pizza. (Papa Johns)
更好的食材，更好的比萨。（棒约翰比萨）

第三，经常拼造一些新词怪词。商务广告中经常通过词缀、谐音、合成等手法拼造一些新词怪词，这样既能突出自身特点、给人以新潮感觉，又能取得某种修辞效果。

例 6：
It's Jack-a-licious! (Jack in the Box)
味道真好！（玩偶匣快餐店）

例 7：
TWOGETHER
The ultimate all inclusive one price sunkissed holiday.
两人共度一个阳光灿烂的假日，只需付一人的费用。

例 6 将快餐店名和 delicious 各取一部分合成新词 Jack-a-licious，既能快速吸引人的注意力，又把该快餐店和可口的食物联系起来。例 7 是某海滨度假村的广告，TWOGETHER 既取 together 之音，又有比 together 更形象的"两人"之意。

2.2.2 句式特点

商务广告文案的创作往往遵循 KISS 原则，即"Keep It Simple, Stupid"（保持简单而直白）。在这一原则下，广告创意必须简洁明了、纯真质朴并切中主题。因此，商务广告在句式上主要有以下特点：

第一，较多使用简单句和省略句。商务广告较多使用简单句和省略句，这样可以做到用最精练的语言传递出最丰富的信息，从而在有限的版面、时间或费用内达到最佳宣传效果，尤其是广告口号，更是通过简单句或省略句来做到易懂易记。

例 8：
Tide's in, dirt's out. (Tide)
有汰渍，没污渍。（汰渍洗衣粉）

例 9：
Without Lenovo, without life. (Lenovo)
人类失去联想，世界将会怎样？（联想电脑）

第二，巧妙使用祈使句和疑问句。商务广告中祈使句和疑问句出现的频率也较高。祈使句一般不直接表达命令，而主要用于表示劝告、请求、叮咛、敦促、建议等。疑问句能使人积极地思考、愉快地联想，尤其当疑问句中包含新奇的问题时更能激发好奇心和寻求答案的兴趣，使人们于无形之中受到影响。因此，商务广告巧妙使用这两种句式可以增强感召力。

例 10：
Taste the feeling! (Coca-Cola)
品味这种感觉！（可口可乐）

例 11：
Have you driven a Ford lately? (Ford)
你最近开过福特吗？（福特车）

第三，较少使用否定句。商务广告旨在塑造正面形象，因而较少使用否定句，即便使用否定句，也通常是为了从反面突出企业、产品等的优点或特性，有时语气甚至比肯定句更为肯定。

例 12：
If you cannot relax here, you cannot relax.
此地不轻松自在，再无轻松自在之地。

例 13：
No business too small, no problem too big.
没有不做的小生意，没有解决不了的大问题。

2.2.3 修辞特点

商务广告经常使用一些修辞手法，包括比喻、仿拟、拟人、夸张、双关、对偶、回文、排比、押韵等，以使语句优美，意蕴深长，让目标人群感受到广告语言的特殊魅力。这里补充说明一下，比喻包括明喻（simile）、暗喻（metaphor）、借喻（metonymy）、提喻（synecdoche）等，但这主要是基于英语的分类，实际上，英汉两种语言对比喻的分类和理解并不完全一样。汉语中的比喻更强调有本体和喻体，并把借代作为一种不同于比喻的修辞手法。英语中的 metonymy 和 synecdoche 都包含了汉语中的借代，尤其是 synecdoche，因通常用部分指代整体（极少情况下也用整体指代部分，如用 mortals 指代 humans），在汉语中可能大都只是借代，而不是比喻。除在某些概念上存在细微差别外，修辞手法在实际使用中还有着语言和文化上的较大差异，如何处理一些语句的修辞手法，也是商务广告翻译面临的一大难点。下面重点讨论一下修辞手法的翻译。

2.3 修辞手法的翻译

英汉两种语言在修辞手法的使用上既存在一些共同点，又存在不少无法逾越的鸿沟。在翻译过程中，译者对修辞手法的处理不外乎有两种选择，即保留源文中的修辞手法或舍弃源文中的修辞手法，而每种选择下又有一系列的处理方法。

2.3.1 保留源文中的修辞手法

在保证译语读者容易理解或者付出较少认知努力即可理解的前提下，可以考虑用以下几种方法保留源文中的修辞手法。

1. 直译

例 14：
Good whiskey waits for no man.
好酒不等人。

例 14 是某威士忌酒的广告，源文仿拟英语谚语 "Time and tide wait for no man"，译语读者也非常熟悉其对应的汉语 "岁月不等人"，故直译能达到同样的修辞效果。

例 15：
Wall Street panicked, global stock markets dropped, and banks stopped lending to each other.
华尔街一片恐慌，全球股市下跌，各家银行停止相互借贷。

Wall Street 是借代的修辞手法，借指对整个美国经济具有影响力的金融市场、金融机构、金融大老板等，直译"华尔街"保留了源文中的修辞手法，其所代表的意思也为大多数译语读者所理解。

例 16：
Unlike me, my Rolex never needs a rest. (Rolex)
我的劳力士不像我，它永不言休。（劳力士手表）

这里直译即能反映出源文使用了拟人的修辞手法。

例 17：
Try sweet corn. You'll smile from ear to ear.
请尝甜玉米，包您穗穗开怀。

例 17 中，smile from ear to ear 本义为"笑得合不拢嘴"，但在该广告中被赋予了双关的意义，译者将之从字面上直译为"穗穗开怀"也很好地保留了双关的修辞效果。ear 可指谷类作物的穗，同时 ear 与 year 的相似发音又可引起 from year to year 的听觉联想。同样，"穗穗"既暗示与玉米有关，又可引起"岁岁"的听觉联想。

2. 直译并加以注释

翻译时加注释可以采取两种方式：一种是正文中加注释；另一种是加脚注或尾注。为不影响行文的连贯性，正文中加注释一般比较简短，仅能做到让译语读者理解源文意思。如果要提供更多文化背景知识，从而让译语读者更好地理解源文或领会源文中的精妙之处，就只能通过加脚注或尾注来作出较长的解释和说明。不过，这种注释方式在文学作品、学术文献等的翻译中较为常用，一般不会用于商务广告的翻译中，故下面仅提供对修辞手法进行直译并在正文中加注释的例子：

例 18：
To get a decent apartment these days in New York you have to pay an arm and a leg.
如今要在纽约弄套像样的房子，你必须付出宛如卸掉一只胳膊和一条腿般的昂贵价钱。

例 18 中，pay an arm and a leg 跟汉语用"挨宰"或"大出血"形容价格高得残忍有着异曲同工之妙，直译并加上"宛如卸掉……般的昂贵价钱"，不仅保留了源文中夸张的修辞手法，也引进了新的表达方式。

例 19：
The tongue is a fire.
口舌如火，火能伤人，口舌亦然。

例 19 直译后加上"火能伤人，口舌亦然"，既保留了源文中暗喻的修辞手法，又使译语读者明白为何"口舌"可以和"火"联系在一起。

例 20：
It's easy to be a Monday morning quarterback and say we should have sold the stocks, but the fact is that there was no way to know they were going to decline in value.
说我们应该卖掉这些股票倒容易，这就是星期一早上的四分卫，事后诸葛亮，但事实是无法知道它们的价值要下跌呀！

例 20 中，Monday morning quarterback 是暗喻的修辞手法，源自美国橄榄球赛，该赛事都在星期日举行，quarterback 是指挥进攻的球员。直译后加上"事后诸葛亮"或"马后炮"能让译语读者既了解源文的表达方式，又不感到费解。

3. 替换成使用同类修辞手法的地道译语表达方式

这种译法在处理英语习语中的比喻时用得较多，如将 as easy as falling off a log 译为"易如反掌"，castle in the air 译为"空中楼阁"，as strong as a horse 译为"健壮如牛"，spring up like mushrooms 译为"如雨后春笋般涌现出来"，等等，但也用于处理其他修辞手法。

例 21：
The opening act had brought the house down.
开场表演就让全场沸腾。

例 21 中，把 had brought the house down 直译为"把房子弄倒"会让译语读者费解，而替换成"让全场沸腾"既保留了源文中夸张的修辞手法，又符合译语的表达习惯。

例 22：
Money doesn't grow on trees. But it blossoms at our branches.
钱不长在树上，却涨在我们行里。

例 22 中，译文巧妙利用汉语中的同音词，将源文中 branches 的多义双关替换成"长"和"涨"的谐音双关。

2.3.2 舍弃源文中的修辞手法

由于英汉两种语言和文化存在很大差异，一些修辞手法有时在译文中根本无法保留，有时即使能保留也会让读者难以理解，或使译文非常别扭。在这种情况下，必须舍弃源文中的修辞手法，将之替换成另一种类型的修辞手法，或改用普通语言表达。

1. 替换成另一种类型的修辞手法

这种处理方法虽然不能直接再现源文中的精妙之处，但也能取得较好的表达效果，可作为舍弃源文修辞手法后的一种补偿手段。

例 23：
Shave time. Shave money. (Dollar Shave Club)
美元剃须刀，省时省钞票！（美元剃须刀俱乐部）

例 23 是美国男性个人护理品牌 Dollar Shave Club 成立之初销售剃须刀的广告，源文利用 shave 和 save 的相似发音形成谐音双关，给人一种幽默感。译文用押韵替换双关，跟源文一样易懂易记，使人对产品的主要特点产生比较深刻的印象。

例 24：

More sun and air for your son and heir.

更多的阳光和空气陪伴着您的子孙后代。

例 24 是某海滨浴场的广告，源文利用 sun—son 和 air—heir 两对同音词形成谐音双关，译文用拟人替换双关，虽然不如源文幽默，但表达简洁明了，并给人一种亲切感。

另外，有些时候源文并没有使用修辞手法，但翻译时为更好地传达源文的意思，译者可以适当采取一定的修辞手法，这在某种意义上也是一种修辞手法的替换。

例 25：

Think different.

不同凡"想"。

例 25 是苹果公司的广告口号，源文并没有使用修辞手法，只是采取口语化的表达，与英语口语 think big 结构一样，实际上不符合标准英语的语法，但能给人耳目一新的感觉。译文通过对汉语成语"不同凡响"的仿拟，较好地传达了源文的意思，也令人印象深刻。

2. 改用普通语言表达

翻译最终是要将源文意思传达清楚，因此，对于一些难以处理的修辞手法，改用普通语言表达，避免以辞害意，也是一种处理修辞差异的好办法。

例 26：

Which lager can claim to be truly German? This **can**.

哪罐拉格啤酒能称得上是地道的德国货？这罐。

例 27：

Coke refreshes you like no other **can**.

可口可乐让您神清气爽，似乎别的不能。

以上两则广告（例 26 和例 27）都利用 can 形成多义双关，由于汉语中没有同时包含"罐"和"能"两个意思的对应词，翻译时，译者只能舍弃源文中的修辞手法，根据具体情况各自选择传达其中一个意思。

例 28：

Trust us. Over 5,000 ears of experience.

相信我们吧！我们经历了 5 000 多只耳朵的检验，积累了多年的经验。

例 28 是某助听器的广告，源文利用 ear 和 year 的相似发音形成谐音双关，表明该助听器拥有众多消费者，而且生产企业历史悠久，并积累了丰富经验。译文无法保留源文中的双关，但可以将其蕴含的意思完整表达出来。

例 29：

Once the embargo ends, American tourists will flood the tiny country of 11 million people that long has been travelers' forbidden fruit.

一旦解除禁令，美国游客将如洪水一般，涌入这个只有 1 100 万人口的小国。这个国家长期来一直都是旅行者梦想前去的地方。

例 29 中的 forbidden fruit 在汉语中有现成的说法"禁果"，这样翻译似乎能保留源文中暗喻的修辞手法，但会让译语读者难以理解，因而只能根据语境将该词隐含的具体意思表达清楚。

2.4 译创

值得注意的是，商务广告翻译中的语言转换除尽可能使译文再现源文的语言特点外，还可以在必要时进行译创（transcreation）。译创又称创译，从构词法上看，是翻译（translation）和创作／创造（creation）的结合，指的是一种语言的信息进入另一种语言时不是经过完整的翻译，而是在翻译的基础上进行创作／创造，在这一过程中，该信息虽然发生了一些变化，但仍然保留了原有的语气、语境、意图、风格等。译创既不同于传统意义上的翻译，也不是完全的创作／创造，尤其在广告、市场营销等行业的活动中比较常见。下面两例广告中的中文便是因纯粹的翻译不能满足需要而进行的译创。

例 30：
The world's local bank. (HSBC)
环球金融，本地智慧。（汇丰银行）

例 30 如果译为"世界的本地银行"，比较平庸乏味，不够朗朗上口，甚至还存在语义上的矛盾。

例 31：
The most intelligent business saloon. (Mercedes-Benz E-Class)
智者，驭时而进。（奔驰 E 级轿车）

例 31 如果译为"最智能的商务轿车"，不仅比较平庸乏味，而且不符合本地化的要求，因为《中华人民共和国广告法》第九条规定不得使用"国家级""最高级""最佳"等用语，根据这一规定，中文广告通常禁止出现"最"这种极限词。

本节中有关商务广告翻译的理论要点也是译创的出发点。为适应来自不同文化背景的目标受众，译创不仅涉及文字的改编，还经常涉及图像、视频等的调整，故而也需要多个专业人士的团队合作。同时，为测试译创的质量，还需要通过一些目标受众样本进行测试，其中包括译创文本是否能够满足一些基本要求，目标受众对译创文本的感受是否类似于源语受众对源语文本的感受。总之，译创比翻译更为复杂，也比翻译花费更高，甚至有时候译创的核心在于创作／创造而不是翻译，因此，对翻译初学者来说，还是应该首先学会如何翻译，待具备一定的翻译功底后再考虑译创的问题。

第三节 实例精解精译

原文：

Project Excellence by Semcon[1]

There is a growing need for competence and effective processes[2] for projects. At the same time, competitiveness and success are increasingly dependent upon the knowledge and skills of personnel. Therefore, organizations that establish an efficient project environment and culture will have a competitive advantage. SPM, Semcon Project Management, will turn you and your organization into a winning team[3]. We will support you in setting up and achieving project goals that are challenging and stimulating.

SPM offers a broad spectrum of training within project management. Within the past few years, we have trained over 3,000 people in some 30 countries. We offer you the opportunity to take part in our scheduled courses[4], or we can adapt courses and programmes[5] according to your needs. Training can be conducted on your premises or externally; with participants from only your organization or a combination of organizations[6]. We also offer web-based training for some of our courses, if this is more suitable to your needs.

Project operations encompass so much more than the individual project, which is why we have chosen to divide our training into three areas[7]:

- Developing expert knowledge of project management by learning the tools and methods necessary for effective project work.
- Focusing on how to approach a project from a business perspective: putting customer satisfaction first, going for the right projects[8] and distributing the resources optimally.
- The human perspective[9]: being able to guide both oneself and others to achieve good results. Well-trained personnel will be both more professional

第五章 商务广告的翻译

and more motivated, the projects become more effective and your business more profitable.

We use a teaching method based on active learning. This means that we combine the teacher's knowledge with your own experience and active participation. Depending on the nature of the course, we may execute a complete project or work with group assignments and case studies.

A critical success factor today is that employees have the right competence. In addition to[10] offering training for different target groups, we can also analyse your needs and help you set up a strategic competence development plan for your organization.

You are welcome to contact us—we can meet your needs![11]

注释：

1. 这是一则 Semcon（思康）公司发布在纸质媒体上的广告，较为详细地介绍了公司的项目管理培训业务。标题若按照源文结构译为"通过思康（造就）的卓越项目"，则不够吸引人，为增强可读性和吸引力，不妨考虑译为对称的中文标题，使之看起来像新闻报道一样。

2. competence and effective processes：这是一个平行结构，其中 process 应该理解为 a method of doing something（做事方法）。由于汉语的平行结构比较讲求对称，在 competence 通常译为"能力"的情况下，翻译 effective processes 时译者可尝试使用与"有效的做事方法"意思相近的二字词语。一般情况下，翻译英语中的平行结构时，译者需要在准确传达源文意思的同时尽量做到对称，如下文中的 competitiveness and success 可译为"竞争力和成功度"，但如果实在做不到对称，就不必强求。

3. a winning team：不能照字面译为"获胜的队伍（小组）"，根据上下文，winning 可以用四字格译为"战无不胜"，team 应该译为"团队"。

4. We offer you the opportunity to take part in our scheduled courses：如果按照源文结构译为"我们提供给您参与学习我们的预定课程的机会"，在汉语语境中容易给目标受众一种被动接受的感觉，不如采取省略法，并突出目标受众的主动性，译为"您可以参与学习我们的预定课程"。

5. programmes：根据上下文，应该理解为"培训方案"。

6. 本句不能照字面直译，译者应在吃透源文意思的前提下对源文的表达进行变通，否则不能体现 SPM 培训可以提供灵活性的选择，甚至还会让人费解。例如，on your premises or externally 如果照字面译为"在您的经营场所或外面"，就有些指代不清，因为"外面"可能指"室外"，也可能指"其他地方"，根据上下文，这里指的不是培训是在室内或室外的问题，而是培训地点的问题，故 externally 应译为"其他地方"。

7. 本句中 so much more than 可以采用正反译法，divide our training into three areas 如果译为"将培训分为三个部分"，从汉语角度看似乎是描述培训的分类，而目标受众更关心的是培训的内容，为引起目标受众的注意，不如将之变通为"从三个方面进行培训"。另外，下文中列举的几个方面在段落开头用了点句符，翻译时可将之改为编号的形式。

8. going for the right projects：由于 go for something 有"选择某物"和"努力争取某物"两个意思，要涵盖这两个意思，不妨译为"选择去做正确的项目"。

9. the human perspective：可以理解为与上一段中的 focusing on how to approach a project from a business perspective 有承接关系，即前面省略了 focusing on how to approach a project from，翻译时可将省略的部分补齐，以使译文更为连贯。

10. in addition to：该词组通常译为"除……以外（还）"，但在本句中这样译会导致推销意味不足，不如变通为"不只是……（还）"。

11. 本句是广告的尾文，鼓动目标人群迅速采取行动，由于汉语较少使用破折号，翻译时可以将源文中的破折号改为逗号。

参考译文：

选择思康培训 造就卓越项目

项目越来越需要能力和效力。同时，竞争力和成功度也越来越依赖于员工的知识和技能。因此，建立了有效项目环境和项目文化的组织在竞争上就占有优势。思康项目管理（SPM）将把您及您的组织变成战无不胜的团队。我们将协助您确立并达到具有挑战性和刺激性的项目目标。

SPM 提供多种多样的项目管理培训。过去的几年里，我们在约 30 个国家培训了 3 000 多名员工。您可以参与学习我们的预定课程，我们也可根据您的需要调整课程和培训方案。我们可以上门组织培训，也可以在其他地方组织培训；可以专门为您的员工培训，也可以联合多个组织的员工一起培训。如果您有需要的话，我们的某些课程还提供基于网络的培训。

项目运行远不限于单个项目本身，因此，我们选择从三个方面进行培训：

第一，学习项目有效执行所必需的手段和方法，拓展项目管理的专业知识。

第二，如何从商业角度接洽项目专题：将客户满意放在首位、选择去做正确的项目以及进行资源分配优化。

第三，如何从人性视角接洽项目专题：做到引导自己和他人都获得良好结果。受过良好培训的员工更精通业务、更有积极性，项目的效益会更高，您的业务会更有利可图。

我们采取基于主动学习的教学方法。这意味着将教师的知识跟您的自身经验和主动参与结合起来。依据课程的性质，我们可能执行一个完整的项目，或者进行小组作业和案例研究。

今天，成功的关键因素在于员工具备恰当的能力。我们不只是为不同的目标群

第五章　商务广告的翻译

体提供培训，我们还会分析您的需求，帮助您为您的组织建立一套战略性的能力开发方案。

欢迎联系我们，我们能满足您的需求！

练习题

一、将下列广告口号翻译成汉语，注意源文的语言特点。

1. Say It with Flowers. (Interflora)
2. Once You Pop, You Can't Stop. (Pringles)
3. Betcha Can't Eat Just One. (Lay's)
4. All the News That's Fit to Print. (*The New York Times*)
5. What's in Your Wallet? (Capital One)
6. Be inspired. (Siemens)
7. Let's Go Places. (Toyota)
8. Like a Good Neighbor, State Farm Is There. (State Farm)
9. Belong Anywhere. (Airbnb)
10. No Rules, Just Right. (Outback Steakhouse)

二、将下列句子翻译成汉语，注意灵活处理其中的修辞手法。

1. In the global economy, knowledge is king.
2. "The market in China is an almost bottomless pit." The visiting Nike CEO told reporters here in Shanghai.
3. You don't want every Tom, Dick, and Harry coming to your performance, but then you don't want to limit the amount of business you might bring in, either.
4. It's the profit now, not the product. Half the time, we cheat the foreman, the foreman cheats the management, the management cheats the customers, and the customers are we.
5. Able was I ere I saw Elba.
6. When we started the business, it was very much sink or swim.
7. Angus Wilson is a social satirist with an itchy trigger finger. The novel is his shooting gallery, and the characters he sets up as targets not only have clay feet but clay minds and clay hearts as well.
8. The whole area becomes ablaze with the whites, yellows, reds, and oranges of tulips, daffodils and other species popular in English gardens.
9. Big thrills, small bills.
10. Wearing is believing.

商务翻译实用教程
Business Translation: A Practical Course

三、将下列几则广告翻译成汉语，以作信息参考之用。

1.

Less bread.

No jam.[1]

From Piccadilly Circus to Heathrow. Taxi around £10.00. Tube £1.55.

Fly the Tube.[2]

2.

New England: As the temperatures drop, the increased demand for energy is driving up[3] the cost of natural gas.

Eversource[4] is here to help customers manage their bills.

3.

Mercury Insurance needed smarter, more automated decisions[5], but their underwriters[6] aren't tech experts. FICO[7] Platform was the answer.

"Partnering with FICO has transformed Mercury."

—Kevin Bailey, Mercury Insurance

The FICO platform empowers business…

Users can make and tweak[8] rules without IT.

FICO improved Mercury's results, freeing IT.

Download the case study to learn more!

注释：

1. 这是一则伦敦地铁的广告，头两句用了大号字体，并居中位于广告的最上方，看起来比较醒目，下面配有汽车、地铁等图片（参见本节注释最后的附图）。在这一语境下，bread 和 jam 乍一看跟食物有关，实际上 bread 指的是其俚语意思"钱"，jam 则指"交通堵塞"。两词形成的双关产生一种幽默感，令人印象深刻，但汉语无法保留这一双关，只能译出其主要意思。

2. 本句居中位于广告的最下方，相当于广告的尾文，译文应具有一定的鼓动性。注意 fly 在本句中作为及物动词使用，可以理解为 to cause to fly。

3. drive up：to make something such as prices rise quickly 抬高。

4. Eversource：指 Eversource Energy，是美国的一家能源公司，目前国内尚未见到该公司的正式中文译名。翻译时，译者可考虑采用源文照抄式的移译，或者根据自身偏好采用其他译法。

5. 根据上下文，decisions 的内容应该是"保险费率"（how much to charge for insurance），翻译时，译者应采取增词法。

6. underwriters：核保师。

7. FICO：费埃哲公司（Fair Isaac Corporation），美国的主要数据分析软件公司，以开发的消费者信用评分而著称，2009 年将商标名改为 FICO。
8. tweak：to make slight changes to a machine, system, etc. to improve it 稍稍调整。这里 make and tweak 形成了押韵的修辞手法，但翻译时可能无法保留。

单元知识检测

第六章
信用证的翻译

第一节

基本常识

1.1 信用证的定义

信用证（英文是 letter of credit 或者 credit letter，常用缩略语是 L/C）是载有一定金额、在一定期限内有效的书面保证文件，因能够证明买方具备良好信用、有能力支付所购货物而得名。它是国际贸易结算的一种重要工具，是国际贸易中保证买卖双方权益最好也是最常用的方式之一，在功能上类似于第三方代表其他两方协调并保管完成交易所需钱款的代管账户（escrow account）。

信用证的基本当事人通常有六个：

1）开证申请人（the applicant）。一般是进口商或者说买方，通常在申请开立信用证时会被银行要求存入一定数额的资金或以其他财产形式作为担保。信用证的审批过程与银行贷款有些相似。

2）受益人（the beneficiary）。一般是出口商或者说卖方，最终通过信用证获取应得钱款。

3) 开证行（the issuing bank）。一般是位于开证申请人所在国的银行，负责审批开证申请人的资信，一旦开出信用证，将作为中立的第三方保管信用证所涉及的钱款，并在必要时提供一定数额的贷款以保证完成付款。

4）议付行（the negotiating bank）。通常作为受益人和开证行的中间方，在受益人提交单证时负责处理各种细节以使钱款得以兑付。议付行、通知行和保兑行可能是同一家银行，也可能不是同一家银行，在后者情况下，议付行也作为中间方负责与通知行和保兑行进行沟通。

5）通知行（the advising bank）。可能与议付行和（或）保兑行是同一家银行，接收交易所涉及的信用证并在信用证获批时通知受益人。这一角色只证明信用证的真实性，不承担其他义务。

6）保兑行（the confirming bank）。可以是议付行，也可能根据信用证条款指定为其他银行，为满足信用证条款的受益人提供付款保证。

信用证业务有三个特点：（1）不依附于买卖合同，银行在审单时强调的是与基础贸易相分离的书面形式上的认证；（2）属于纯单据业务，只要单据相符，就应无条件付款，而不以货物为准；（3）是银行的一种担保文件，开证行负有首要付款责任。

1.2 信用证的类别

国际贸易中能见到多种信用证的名称，但很难对各种信用证作出统一的分类。下面仅介绍几种常见分类方式下的信用证类别。

1.2.1 保兑信用证和不保兑信用证

根据是否保兑，信用证分为保兑信用证（confirmed L/C）和不保兑信用证（unconfirmed L/C）。所谓保兑信用证，是指信用证除开证行外还有另一家银行或者说保兑行作付款保证。保兑信用证有了双重付款保证，但进口商为此要支付更高费用。所谓不保兑信用证，是指信用证只有开证行作付款保证，其中涉及的其他银行只作为中间方帮助完成交易。大多数信用证都是不保兑信用证。

1.2.2 可撤销信用证和不可撤销信用证

根据是否可撤销，信用证分为可撤销信用证（revocable L/C）和不可撤销信用证（irrevocable L/C）。所谓可撤销信用证，是指开证行无须征得受益人或有关当事人的同意，对所开信用证可以随时修改或撤销，这种信用证一般不能保障受益人的权益。所谓不可撤销信用证，是指开证行未经有关当事人同意，对所开信用证不得单方面修改或撤销，受益人只要在有效期内按该证规定提供有关单据，开证行就必须保证货款得以付清。可撤销信用证和不可撤销信用证是《跟单信用证统一惯例（UCP500）》中的描述，但后来修订的《跟单信用证统一惯例（UCP600）》却明确表示信用证是开证行兑付相符交单的一种确定的和不可撤销的承诺安排。因此，在当前国际贸易中，信用证一旦开立，即使未注明不可撤销，也应视为是不可撤销信用证。但如果确有开立可撤销信用证的需要，根据UCP600，必须在信用证中列明具体条款以反映信用证的可撤销特性。

1.2.3 即期信用证和远期信用证

根据付款时间，信用证分为即期信用证（sight L/C）和远期信用证（usance L/C）。所谓即期信用证，是指受益人可凭符合信用证条款的跟单汇票或装运单据立即收取货款，其特点是受益人收汇安全迅速。所谓远期信用证，是指开证行或其指定付款行收到受益人交来的单据时并不立即付款，而是先行承兑，待远期付款汇票到期日才履行付款承诺，其特点是"审单相符，到期付款"。远期信用证是出口商对进口商的一种融通资金的方式，比即期信用证有更高的风险性，因而当前国际贸易中以即期信用证为主，以远期信用证为辅。

1.2.4 可转让信用证和不可转让信用证

根据是否可转让，信用证分为可转让信用证（transferable L/C）和不可转让信用证（non-transferable L/C）。所谓可转让信用证，是指原受益人（第一受益人）有权将信用证上金额的全部或部分转让给第二受益人。第二受益人即为实际供货商，不得再作转让。所谓不可转让信用证，是指受益人是信用证上金额的唯一领受人，不得转让给第三方。凡信用证中未注明"可转让"字样的，即为不可转让信用证。

1.2.5 可循环信用证和非循环信用证

根据金额是否可循环，信用证分为可循环信用证（revolving L/C）和非循环信用证（non-revolving L/C）。所谓可循环信用证，是指信用证上金额被全部或部分使用后，又恢复到原金额，可再次使用，直至达到规定的次数或规定的总金额为止。它适用于签订分批交货的长期合同的交易，可以节省进口方的开证手续费。凡信用证上金额不可循环使用者，皆为非循环信用证。一般的信用证都属非循环信用证。

1.2.6 商业信用证和备用信用证

根据是否以信用证为首要付款方式，信用证分为商业信用证（commercial L/C）和备用信用证（standby L/C）。这是国际贸易中使用的两种主要跟单信用证。商业信用证以信用证为首要付款方式，需要银行进行实际的融资，受益人在提交符合信用证规定的单据后即由银行直接付款。备用信用证只将信用证作为备选的第二付款方式，一般不需要银行进行实际的融资，仅当开证申请人无力偿还时银行才承担债务责任，相当于一种由开证行承担第一付款责任的见索即付的保函，但与传统上的银行保函有着本质上的区别，而且目前世界上大部分国家明令禁止银行对外开出保函。

必须指出的是，以上列举的分类方式并未穷尽信用证的所有类别，同时它们只是强调信用证某个方面的性质和用途，彼此之间并不相互孤立，我们可以根据实际情况进行组合，以更具体地限定某个信用证的性质和用途，如我们可以要求对方开立"保兑的不可撤销的即期信用证"。

第二节 翻译方法与技巧

2.1 信用证的特点

信用证多种多样，在内容上可长可短，在格式上也并不统一。尽管如此，它们仍存在一些共同点。为更直观地了解信用证的特点，限于篇幅，不妨先看两个简短的信用证样本。

样本一：

AMOUNT: $12,000
APPLICANT:

Hayfield Electronics, 9410 Wishing Landing, Spirit Lake, AZ, 86578-5065, US, (602) 446-2278

BENEFICIARY:

Dynamic Electronics, 22 Silicon Industrial, Central China

LETTER OF CREDIT ISSUED BY:

American Banking Council, 2677 Amber Row, Gladmar, NY, 12546–7874, US, (315) 547–2588

RECEIVING BANK:

Bank of China, 10 Corporate Square, Beijing

The following is an instruction to grant Dynamic Electronics $12,000, upon the receipt of export documentation. Please find enclosed the full letter of credit terms for this transaction.

Signed
Mr Foot
Dynamic Electronics

第六章 信用证的翻译

样本二：

Mr Joe Brown
Rising Sun Import/Export Co
New York, NY

Dear Tangelo Exports,

We have authorized you, Tangelo Exports, to draw on the account of Rising Sun Import/Export Co for the sum of $500,000 in the case that the payment for transaction #4564545 has insufficient funds. This letter is valid until collection or until the successful closing of transaction #4564545.

We agree that this letter of credit will be honored upon presentation at the applicable time and location. This letter of credit has no expiry date.

Signature
Underwriting party

  以上两个样本语言比较简单，看起来很像普通的商务信函，但也足以表明信用证的语体比较正式，如使用较为正式的介词短语 upon the receipt of 以及较为专业的用语 collection（收款/托收）、honor（执行）等。同时我们还应该认识到，这两个样本之所以简单，是因为没有包含与信用证交易相关的较为复杂的条款，而通过阅读样本内容可知，相关条款存在于其他文件中，这些文件或随函附寄，或与信用证有着紧密关联。实际上，离开一些详细说明具体交易条款的相关文件，就不构成完整的信用证，而有些文字较长的信用证通常会将相关文件内容合并其中。信用证的英文名 letter of credit 似乎表明，其形式上类似于信函，内容上相当于合同。因此，信用证的文体特点介于商务信函和商务合同之间，在涉及与各方沟通时与商务信函比较相似，但其所关联的具体交易条款则类似于商务合同。
  从某种意义上讲，信用证是一种具有法律效力的付款承诺，其核心在于所涉及的具体交易条款。这些内容既具有很强的专业性，又具有法律的严谨性。除大量使用一些正式词汇和专业词汇外，英文信用证还经常大量使用一些长句。对翻译学习者而言，如何处理英语长句是信用证翻译过程中的重大挑战之一。下面仅重点探讨英语长句的翻译，为帮助译者比较全面地了解相关翻译方法与技巧，所选取的例句并不局限于信用证文本。

2.2 英语长句的翻译

一般来说，英语重形合（hypotaxis），通常借助连词、介词短语、形容词短语、名词短语、分词短语、关系代词或关系副词引导的从句等语法手段将各意义组成部分连接起来，结构相对紧凑，句中各部分的语序相对灵活，长句较多，并且有时组成的句子还相当长。汉语重意合（parataxis），通常按照一定的表达习惯或思维逻辑逐步交代中心思想，很少借助连词等语法手段连接各意义组成部分，句中各部分的语序相对固定，短句较多，很少见到特别长的句子。

鉴于英语和汉语在这些方面的差别，翻译英语长句时，译者往往需要将其处理成几个汉语短句，为此，一般按照三个步骤进行：（1）分析：对英语长句进行语法结构分析，针对简单句结构，找出主干（主谓宾或主系表等主要成分）及枝叶（定状补等修饰成分），针对较为复杂的复合句结构，找出主句和从句，并理出它们之间的逻辑关系；（2）切分：基于语法结构分析，通常在英语的主谓连接处、逻辑关系（如并列、因果、转折、假设等）连接处以及定语短语、状语短语、从句等与主要部分连接处，将英语长句分解成几个大的意义组成部分，有时也要结合具体意思进行分解；（3）重组：用汉语短句分别表达出所切分的各部分的意思，然后按汉语的表达习惯和思维逻辑重新组合。

将切分后的各部分的意思进行重新组合时，译者又可以采取下列方法与技巧。

2.2.1 保持原序法

有些时候英语和汉语的表达顺序基本一致，译者可以按英语句子中各部分原来的语序来安排汉语短句。

例1：

The certificates (FRCD—floating rate certificates of deposit), which are fully negotiable, constitute unsecured obligations of the issuing bank and rank *pari passu* with all other deposits of the bank.

浮动利率存单完全可以转让，是发行银行无担保债务的组成部分，与银行的其他存款具有同等地位。

例2：

Salomon then bought back the notes and wound up with 46% of the December issue and 57% of the five-year February issue in violation of Treasury rules.

萨洛蒙公司然后买回了这些债务，并且捞到手约46%的12月国库券和57%的五年期2月国库券。这种做法违背了国库券条例。

例3：

The global economy that boomed in the 1960s, growing at an average of 5.5 percent a year, and pushed ahead at a 4.5 percent-a-year rate in the mid-1970s, simply stopped growing in 1981–1982.

世界经济在20世纪60年代很繁荣，每年平均以5.5%的比率增长，到了70年代中期仍以平均每年4.5%的比率增长，但是在1981—1982年就完全停止增长了。

例1在源文主谓连接处（constitute）以及并列关系连接处（and），把句子切分为三部分。例2在并列关系连接处（and）以及状语短语处（in violation of），把句子切分为三部分，且最后一部分在译文中单独成句，起到强调作用。例3在源文定语从句中起状语作用的分词短语处（growing）、定语从句中的并列关系连接处（and），以及主谓连接处（simply stopped），把句子切分为四部分。上述例子中译文基本按原来的语序将各部分意思用汉语短句一一表述出来。

2.2.2 倒置法

由于英汉两种语言存在较大差异，翻译时，译者将译文保持源语语序的情况相对较少，在大多数情况下，汉语表述需要把英语句子中各意义组成部分的顺序进行局部或整体调换。这种调换将涉及前置法、倒置法、抽离法、插入法等。前置法即将英语的后置修饰成分放在中心词（被修饰成分）之前，由于汉语没有后置修饰成分，初学者翻译时往往会使用这种方法，故这里不加详细讨论。

大体而言，按照时间先后、前因后果、前分后总等顺序排列各意义组成部分比较符合汉语的表达习惯和思维逻辑，而英语的顺序通常跟汉语恰好相反。在这些情况下，译者可以使用倒置法，即将英语原句的意义组成部分进行前后调换，然后用汉语短句表述，现分别举例说明。

1. 时间先后

例4：

Waller's remarks follow Chair Jerome Powell's more cautious comments earlier this month, when Powell said "we are not confident" that the Fed's key short-term interest rate was high enough to fully defeat inflation.

本月早些时候，美联储主席杰罗姆·鲍威尔表示"我们不敢肯定"美联储的关键短期利率高到足以完全阻止通货膨胀，而沃勒发表的言论是在鲍威尔之后，相比就没那么谨慎了。

英语句子由于主要靠语法手段连接各意义组成部分，故先发生的事情或动作不一定置于句首，有时可能置于句尾。例4中follow一词明显道出了动作先后。另外，英语句子是由主句和when引导的定语从句两大部分组成，主句中的谓语动词是一般现在时，而定语从句中的主要谓语动词是一般过去时，显然定语从句中的动作先于主句。根据汉语的表达习惯和思维逻辑，译文有必要采取倒置法，先译位于后面的定语从句。

2. 前因后果

例5：

Production capacity is grossly underused <u>with many idle workers and machines obvious to any visitor to the state factory.</u>

<u>到这家国有工厂参观，一眼看到的是，许多工人无所事事，大量机器闲置不用</u>，生产能力大大放空。

例6：

FAA claimed that it would continue to review extensively all available data and aggregate safety performance from operators and pilots of the Boeing 737 MAX while more and more countries have joined the ranks grounding the Boeing 737 MAX 8 aircraft <u>amid mounting safety concerns after the second crash of the same model in less than five months.</u>

美国联邦航空管理局宣称将继续认真评估来自波音737 MAX客机运营商和飞行员的全部可用数据和总体安全行为表现，与此同时，<u>该型号的飞机不到五个月时间就坠毁了两架，使得人们对其安全性的担忧日益加剧</u>，故而越来越多的国家加入停飞波音737 MAX 8客机的行列。

例5中源文状语短语与句子主干在逻辑上构成了一种因果关系，译文整体上采取倒置法，先译出状语短语所蕴含的原因，再译句子主干表示的结果。另外，源文状语短语又在并列关系连接处（and）以及两个隐含动作的词语处（obvious隐含"看到"，visitor隐含"参观"）被切分成四部分，且译文根据动作发生的时间先后顺序（先"参观"后"看到"，而不是先"看到"后"参观"），采取了倒置法。例6中译文将源文主句保持原序，但将while引导的从句采取倒置法，先译从句后面部分隐含的因，再译前面部分表述的果。

3. 前分后总

例7：

<u>In a potentially important reversal of roles</u>, a Chinese mainland electronics company based in Shenzhen has kick-started a multimillion-dollar investment in Hong Kong's laggard high-technology sector <u>by signing a contract with the Hong Kong government to take a site for a planned US $312 million state-of-the-art semiconductor plant.</u>

总部设在深圳的某内地电子公司<u>与香港特区政府签署了一项合同，参与建设业已规划完毕、总投资达3.12亿美元的最先进的半导体工厂</u>，从而引发了内地数百万美元的资金投向香港发展缓慢的高科技产业。<u>此举体现了香港与内地的角色互换，具有潜在的重要意义。</u>

第六章 信用证的翻译

例7对英语句子中两个状语短语的处理值得注意。句首状语短语在意义上相当于是对句中其他部分所述事件的总结性评述，故被调到最后，且在译文中单独成句，以起强调作用；句尾状语短语中所述事件从时间上看最先发生，故被调到前面。

4. 其他情况

例8：

Pending the results of the Rights Issue, the Company may make arrangement to match sale and purchase of odd lots <u>if there exist substantial odd lots</u>.

<u>如果</u>公布供股结果前<u>出现大量零碎股份</u>，本公司可能会为零碎股份买卖安排对盘服务。

例9：

<u>The man in the street scarcely realizes</u> that many forms of business, some major industries, and one or two minor professions could be completely abolished without gravely injuring American society; whereas the disappearance—or even what we see in some quarters, the continuous neglect and degradation—of the teaching profession must mean a disaster to the entire nation.

在美国，许多行业可以完全停业，某些主要工业可以完全废除，一两个次要职业也可以完全取消，这都不至于严重影响美国社会；但如果没有教师这一职业，或者像在某些地区那样，教育事业长期未受重视，因而每况愈下，那么就整个国家而言，必将是一场灾难。<u>这一点，一般人是很少认识到的</u>。

例8的译文将源文居于句尾的假设关系从句调到前面并居于时间短语之后；例9的译文则将源文居于句首的主谓结构调到最后，单独成句。当然，有些时候倒置并不是唯一可行的手段，上述两个例子也可以采取保持原序法：

例8还可译为："公布供股结果前，本公司可能会为零碎股份买卖安排对盘服务，如果出现大量零碎股份的话。"

例9还可译为："一般人很少认识到：在美国，许多行业可以完全停业，某些主要工业可以完全废除一两个次要职业也可以完全取消，这都不至于严重影响美国社会；但如果没有教师这一职业，或者像在某些地区那样，教育事业长期未受重视，因而每况愈下，那么就整个国家而言，必将是一场灾难。"

不过，有些英语长句的翻译只有采取倒置法才能使译文自然通顺，如例4至例7。与例9源文语法结构类似的例10也是如此。

例10：

<u>A justification beyond dispute follows</u> that planned obsolescence and its resultant throw-away mentality ought to be done away with.

人为地将产品过早废弃以及由此产生的那种用过就扔的浪费心理都应该去掉，<u>这是无可厚非的</u>。

从例 5 至 10 可知，倒置法包含全部倒置和局部倒置，翻译英语长句时要视具体情况使用。另外值得注意的是，例 3 和例 4 根据主从句之间的逻辑关系，分别增加了连词"但是"和"而"，这其实涉及定语从句翻译中较为复杂的问题，我们将在下一章对其进行集中探讨。

2.2.3 抽离法

有些时候，英语句子中的某些成分（单词、短语或从句）在切分后无法按源文顺序翻译，采取前置法、倒置法等可能由于结构上的原因无法实行，或容易造成行文的梗阻，那么不妨将其抽离开来另行处理，以保证译文的连贯性或突出某个重点。

例 11：
Hijackers rammed two jetliners into each of New York's World Trade Center towers yesterday, toppling both in a <u>hellish</u> storm of ash, glass, smoke and leaping victims, while a third jetliner crashed into the Pentagon in Virginia.

昨日，几名劫机分子劫持两架喷气式飞机撞向纽约世贸中心，致使双塔轰然倒塌，顿时尘土飞扬，玻璃四溅，浓烟滚滚，人们四处逃生，<u>这一切构成了地狱般的场景</u>。与此同时，第三架飞机又撞击了位于弗吉尼亚州的美国国防部五角大楼。

例 12：
The total expenditures of the US government for the so-called Fiscal Year 1970, <u>that is the period from July 1, 1969 to June 10, 1970</u>, were about 195 billion dollars, of which about 80 billion was for national defense.

美国政府 1970 年财政年度的总支出为 1 950 亿美元，其中 800 亿左右为国防开支；所谓 1970 年财政年度是指 1969 年 7 月 1 日到 1970 年 6 月 10 日这一期间。

例 11 将作前置定语的单词抽离出来，单独译成一个分句，相当于对所发生情况的总结性描述。例 12 将从句抽离出来，译成一个分句放在最后，以更好地补充说明前文信息。从这两例可见，抽离法为使译文各部分更好地衔接，必要时可以用外位语、提示成分、复指成分等（如使用"这""那""所谓""即""也就是"等）。

2.2.4 插入法

插入语属于独立语，与句中其他部分一般没有语法结构上的联系，在现代汉语中的作用是补足句意，以使表意更为严密，包括附加解释、说明或总结，表达说话者的态度和看法，引起对方的注意，转移话题或说明事由等。英语中带破折号、括号或前后逗号的句式，如果不是很长，通常可以直接译成相应的插入语；英语中某些不是插入语的成分，如果用其他方法难以处理好，也可以考虑使用插入法，即利用破折号、括号或前后逗号，以插入语的形式表述出来。

例 13：
States and organizations having presented written or oral statements or

第六章　信用证的翻译

both shall be permitted to comment on the statements made by other states or organizations in the form, to the extent, and within the time limits which the Court, or, should it not be sitting, the President, shall decide in each particular case.

以书面或口头形式提出陈述或书面口头并用提出陈述的国家和团体，应获准对其他国家或团体所提出的陈述予以评论，评论的方式、范围及时限应由法院（或在法院不开庭时由院长）根据特定情况作出决定。

例 14：

Other factors contributing to softening sales include customers expectations of price cuts and hopes that Shanghai, which accounts for 20 percent of national sales, will be forced to ditch its auction system for licence plates, which has added about RMB 40,000 ($4,800) to the cost of a car.

其他导致销量疲软的因素包括顾客预计价格下跌，以及占全国销量20%的上海有望被迫放弃车牌拍卖制度——在上海，除购车费外，还须额外支付4万元人民币（合4800美元）的车牌费。

以上两例的译文均使用了插入语对相关信息进行补充说明，且不影响句子的连贯性。例 13 源文中插入语"or, should it not be sitting, the President"被直接译成插入语，但源文的前后逗号根据实际情况被改成括号。例 14 源文中定语从句"which has added about RMB 40,000 ($4,800) to the cost of a car"被译成利用破折号引出的插入语，既使译文通顺流畅，又较好地传达了源文意思。

应该注意的是，带括号或破折号的句式在汉语中远不如在英语中普遍，而且英语的插入语有时可能会很长，因此插入法在语篇翻译中不宜多用。如果英语的插入语过长，可以考虑使用抽离法，将一些相对独立的意义组成部分单独处理到句首或句尾。另外，有时也不必拘泥于源文的形式，源文插入语使用的标点符号可以根据具体情况决定是保留还是更换为其他标点符号，相关意义组成部分也可以根据表意需要灵活调整位置。

要很好地掌握上述翻译方法与技巧，译者首先必须具备良好的英语语法基础，否则连对英语长句进行语法结构分析都做不到，更谈不上对其进行正确的切分和重组。另外，在翻译过程中，译者有时还可以尝试用多种翻译方法与技巧来处理同一个英语长句，从而不断锻炼思维能力和表述能力。下面我们以一个译例进行分析，以使译者对这些方面产生更直观的认识。

例 15：

The documentary credit offers a unique and universally used method of achieving a commercially acceptable compromise by providing for payment to be made against documents that represent the goods and make possible the transfer of rights to those goods.

跟单信用证提供了一种独特的、全世界都采用的方法，即凭代表货物的单据付款，从而使货权的转移成为可能。这是一种商业上可以接受的折中方式。

例 15 译文将源文中某个成分的一部分，即 method 的部分定语（即作后置定语的短语）单独抽离出来，放在句尾单独译为一个句子，不失为一种比较好的方法。但需要指出的是，原句中 that 引导的定语从句包含两个并列的谓语动词，即 represent 和 make，它们构成的并列成分共同对先行词 documents 作出解释，故应译为"代表货物、使货权转移成为可能的单据"。译者将其中第二个并列成分译为"从而使货权的转移成为可能"，很可能是将其主语误当作 The documentary credit [而由于该词组是单数，如果作主语，谓语动词应为 makes，更何况由于句子较为冗长，英文若要表达出"从而"的意思，通常用 -ing 分词短语，即将 make 前面的 and 删掉，换成逗号，后面短语改为 (thus) making…]。"从而使货权的转移成为可能"根据汉语逻辑应理解为"跟单信用证使货权的转移成为可能"，然而，跟单信用证只是一种付款方式，能够转移货权的必须是其他单据，这样就跟源文意思有很大的出入。以上分析说明，仔细分析源文语法结构对翻译非常重要，稍不注意就可能产生误译，或者表意不够准确，可谓失之毫厘谬以千里。

另外，例 15 中的英文句子不一定要采取抽离法进行翻译，还可以尝试多种其他译法，例如：

译文一：跟单信用证提供了一种独特的、全世界都采用的、实现折中且商业上可以接受的办法，即凭代表货物、使货权转移成为可能的单据付款。

译文二：跟单信用证规定凭代表货物、使货权转移成为可能的单据付款，从而提供了一种独特的、全世界都采用的办法，实现了商业上可以接受的折中。

译文一整体上保持原序，只将源文中的后置定语前置，与前置定语合并到一起，译文二采取倒置法，整体上将原句的两大意义组成部分进行了前后调换。

第三节

实例精解精译

原文：

Irrevocable Standby Letter of Credit

Letter of Credit Number _____

Issue Date _____

To: The Director of Employment Standards
Ministry of Labour
400 University Ave
9th Floor
Toronto, Ontario
M7A 1T7 [1]

We, the _____ (either "**We**" or the "**Bank**") hereby issue to and in your favour[2] our Irrevocable Standby Letter of Credit for the account of[3] _____ (the "**Customer**") for an amount not to exceed _____($_____) in lawful money of Canada.

This Letter of Credit is given for the obligations the Customer under the _____ _____ and any successor legislation (the "**Statute**").

You are authorized, subject only to the terms of this Letter of Credit[4], to draw on the Bank from time to time and at any time, in the event that you require payment under this Letter of Credit. We shall issue payment without enquiring whether you have a right as between yourself and the Customer to make such a demand, and without recognizing any claims of the Customer or other remedies available to you at any time and from time to time.

All drawing requests under this Letter of Credit shall be made by a written demand for payment by you that shall state the Letter of Credit No. and Issue Date. The Provincial Coordinator or Manager, Employment Practices for the Ministry of Labour[5] is duly authorized to sign the written demand by and for you.

We shall honour[6] your demand for payment not later than the second business day following receipt of the written demand for payment, provided the drawing request is presented at the address of the Bank stated above before 5 p.m. on the date this Letter of Credit expires. All drawings shall be made payable to the "Director of Employment Standards in Trust".

Partial drawings are permitted under this Letter of Credit up to the full amount of this Letter of Credit.

This Letter of Credit is transferable in its entirety to your successors and assigns.

This Letter of Credit will expire on _____, but shall be deemed to be automatically extended without any formal amendment or notice to that effect, from year to year for successive periods of one year each from the present or any future expiration date hereof, unless[7] not less than ninety days prior to the present or any future expiration, We[8] shall notify you in writing, by prepaid registered mail. The notice shall state that the Bank elects not to renew this Letter of Credit beyond its current expiry. Upon receipt by you of such notice you may draw before 5 p.m. on the current expiry date the full amount hereunder by the written demand for payment.

Notwithstanding[9] any reference in this Letter of Credit to other documents, statutes, instruments or agreements or references in such other documents, instruments or agreements to this Letter of Credit, this Letter of Credit contains this entire agreement among the Bank, you and the Customer relating to the obligations of the Bank hereunder. We acknowledge and agree that this Letter of Credit is irrevocable.

Except as far as otherwise expressly stated herein, this Letter of Credit is subject to the International Standby Practices ("ISP98"), International Chamber of Commerce publication No. 590. This Letter of Credit shall also be governed by and construed in accordance with[10] the laws of the Province of Ontario and the applicable laws of

第六章 信用证的翻译

Canada except to the extent that such laws are inconsistent with the ISP98.

_____   _____

AUTHORIZED SIGNATURE   AUTHORIZED SIGNATURE

注释：

1. 根据上下文，Ministry of Labour 是省级单位，不应译为"劳动部"，而应译为"劳动厅"。翻译时，关于地址、邮编等信息，译者可根据中文习惯作出适当调整。

2. to and in your favour：类似情境中更常见的词组是 in your favour 和 in favour of...，其对应的汉语表达一般为"以你方为受益人"和"以……为受益人"。

3. for the account of：该词组在信用证中比较常见，但在许多词典中都查不到专门针对它的具体解释。根据包含 account 的相近词组的意思，我们可以推测 for the account of 大致有"站在……的一边"之意，这里即"我方开出信用证，信用证站在……一边"，故相当于汉语的"为……开出信用证"。在不同的上下文中，可根据这一大致意思对该词组进行不同的翻译，例如：

    1) The charges for opening a Letter of Credit ("L/C") should be **for the account of** the applicant.

    信用证的开证费用**由**申请人**承担**。（费用站在申请人一边）

    2) The Company shall pay interest on the amount of its obligation to reimburse the Issuing Bank for each L/C Disbursement at the rate of interest payable, for each day from and including the date that such obligation is due and payable to, but excluding, the date that the Company reimburses such L/C Disbursement. Interest accrued pursuant to this clause shall be **for the account of** the Issuing Bank, except that interest accrued on and after the date of payment by any Revolving Credit Lender shall be **for the account of** such Revolving Credit Lender to the extent of such payment.

    公司偿还开证行的每笔信用证支付款时，应按应付利率为其债务支付利息，利息从债务到期应付日（包括当日）起按日计算，但不包括公司偿还信用证支付款之日。根据本条款累积的利息应**归**开证行**所有**，但是循环信贷机构支付日当天及之后累积的利息应**归**支付该款项的循环信贷机构**所有**。（利息站在开证行、循环信贷机构的一边）

    3) Each Revolving Credit Lender hereby absolutely and unconditionally agrees to pay to the Administrative Agent, **for the account of** the Issuing Bank, such Revolving Credit Lender's Applicable Percentage of each L/C Disbursement made by the Issuing Bank in accordance with the terms of this Agreement

promptly upon (and in any event not later than the Business Day following receipt of) the request of the Issuing Bank at any time from the time of such L/C Disbursement until such L/C Disbursement is reimbursed by the Company or at any time after any reimbursement payment is required to be refunded to the Company for any reason.

各循环信贷机构绝对无条件地同意，在从信用证支付款发生之时起至该款项被公司偿付之时止的任何时间，或在不管基于任何原因任何偿付款被要求退还给公司之后的任何时间，及时应开证行的要求（在任何情况下都不能晚于收到请求的下个工作日），对每笔开证行根据本协议条款支出的信用证支付款，经由管理机构支付循环信贷机构的适用比例费用**给**开证行。（向管理机构支付费用，该费用站在开证行的一边）

4. subject only to the terms of this Letter of Credit：仅需满足本信用证的条款。subject to 有多个意思，这里根据上下文应理解为 under the authority of something（受……支配；服从于）。
5. The Provincial Coordinator or Manager, Employment Practices for the Ministry of Labour：根据上下文，manager 不能理解为"经理"，应理解为"管理者"，practice 也不能理解为"实践"，而应是"惯例""常规"的意思，故这里可译为"省劳动厅雇佣制度局协调员或管理人"。
6. honour：这里不是我们熟悉的"荣誉"之意，应理解为 to do what you have agreed or promised to do（信守；执行），如 to honour a cheque（承兑支票）。
7. unless：这里不能简单地译为"除非"，根据上下文，可理解为 if... not（如果不……）。
8. We：虽然该词前面是逗号，但 w 还是大写，这里应理解为特指"我方"，因为上文一处括号中（either "We" or the "Bank"）注解了 We 所指的内容。
9. notwithstanding：该词不能仅仅根据词典上提供的汉语解释简单地译为"尽管"，否则译文不能通顺达意。根据该词的英语解释 in spite of，结合上下文，这里应译为"无论……与否"或"不管……是否……"。
10. be governed by and construed in accordance with：通常译为"受（……法律）管辖并按（……法律）解释"。

参考译文：

不可撤销备用信用证

信用证编号 _____

签发日期 _____

至：M7A 1T7
　　安大略省多伦多市大学大道 400 号 9 楼

第六章　信用证的翻译

劳动厅雇佣标准局局长

本开证行 ＿＿＿＿＿＿＿＿＿＿＿＿＿＿＿＿＿＿＿＿＿＿＿＿＿＿＿（即"**我方**"或"**银行方**"）特此为 ＿＿＿＿＿＿＿＿＿＿＿＿＿＿＿＿＿＿＿＿（即"**客户方**"）开出以你方为受益人的不可撤销备用信用证，信用证金额以加拿大合法货币计最高不超过 ＿＿＿＿＿＿＿＿（$＿＿＿＿＿＿＿＿）。

本信用证承担 ＿＿＿＿＿＿＿＿＿＿＿ 及任何后续法规（即"**法规**"）下的客户方义务。

如果你方要求本信用证付款，仅需满足本信用证的条款，即可获得授权随时从银行方提款。我方支付款项时，无须询问你方是否有权对客户方提出付款要求，也无须承认客户方的任何主张或你方随时可获取的其他补偿。

所有根据本信用证的提款请求应由你方书面提出，书面请求上应说明信用证编号和签发日期。省劳动厅雇佣制度局协调员或管理人可经正式授权为你方签署书面请求。

若提款请求在本信用证到期日下午5点之前提交至上述银行地址，我方将在收到书面支付请求后两个工作日内支付。所有提款都应支付给"雇佣标准局信托局长"。

本信用证允许部分提款，直到本信用证下的全部款项提完为止。

本信用证可全部转让给你方继任者和受让人。

本信用证到期日为 ＿＿＿＿＿＿＿＿＿＿，但应视为每年从当前到期日或任何将来到期日起自动续期一年，无须任何正式修订或通知。如果不自动续期，我方应在当前到期日或任何将来到期日至少九十天之前，通过邮资已付的挂号信书面通知你方。通知应声明银行方决定在最近到期日之后停止为本信用证续期。你方收到该通知后，可通过书面支付请求，在最近到期日下午5点之前，提取本信用证下的全部款项。

本信用证包含了银行方、你方以及客户方之间达成的与本信用证下银行义务有关的全部协议，无论本信用证提及其他文件、法规、契约或协议与否，抑或这些其他文件、契约或协议提及本信用证与否。我方承认本信用证不可撤销。

除非其中另有明确说明，本信用证执行国际商会第590号出版物《国际备用信用证惯例》（"ISP98"）。本信用证还须受安大略省法律及加拿大适用法律管辖并按这些法律解释，除非这些法律与ISP98不一致。

＿＿＿＿＿＿＿＿＿＿＿＿＿＿＿　　　　　　　　　　　　　　　　＿＿＿＿＿＿＿＿＿＿＿＿＿＿＿

授权人签章　　　　　　　　　　　　　　　　　　　　　　　　　　授权人签章

练习题

一、翻译下列术语或专业表达，并借助互联网等工具深入了解相关知识。
1. Back-to-Back L/C
2. Documentary L/C

3. Clean L/C
4. Marginal L/C
5. Anticipatory L/C
6. Red Clause L/C (Green Clause L/C)
7. Documentary Collection
8. Acceptance L/C (Documents Against Acceptance)
9. Collateral Monitoring Agent
10. The Freight Forwarder

二、用恰当的翻译技巧将下列长句翻译成汉语。

1. We hereby issue our irrevocable Stand-by Letter of Credit No. 2677 in your favor for the account of Tangelo Import/Export Co (the applicant) to secure payment of principal, interest, costs, fees and charges up to US $500,000 (in words say US dollars five hundred thousand) due to Industrial and Commercial Bank of China, Shenzhen Branch under loan facility granted by Industrial and Commercial Bank of China, Shenzhen Branch to Dynamic Electronics (The Borrower) which has its address registered at 22 Silicon Valley Industrial Zone, Shenzhen.

2. The Irrevocable Stand-by Letter of Credit established by us shall be in force until the expiration date and shall remain in effect without regard to any default in payment sums owed us by the contractor and without regard to other claims which we may have against the contractor.

三、将下列英文段落翻译成汉语。

At the request of and for the account of _____ (the applicant), we hereby issue this irrevocable Letter of Credit amounting to US _____ in favor of _____ as Bid Bond[1] for the tender opening on _____ (date) called by the beneficiary[2] under the tender No. _____.

We, _____ (the bank), hereby guarantee to pay the above-mentioned amount under this Letter of Credit subject to[3] the following conditions:

The above-mentioned amount shall be paid to the beneficiary through your bank in case[4] the accountee[5] does not enter into contract with the beneficiary for the reasons to be solely attributed to the accountee despite his or her success in the aforesaid bid and consequently corresponding bid bond should be confiscated by the beneficiary.

This Letter of Credit remains in force until _____ (date), after which it becomes null and void[6] automatically.

This Letter of Credit shall be released[7] in full immediately when the accountee fails the bid.

第六章　信用证的翻译

注释：

1. Bid Bond：履约担保书；投标保证金，是投标人按照招标文件的要求向招标人出具的、以一定金额表示的投标责任担保，其目的主要是避免因投标人在投标有效期内随意撤销投标、中标后不提交履约保证金和签署合同等行为而给招标人造成损失。
2. the tender 后面有一个现在分词短语和一个过去分词短语作后置定语。根据上下文，call 在这里的意思是 order (sth.) to take place; announce，可译为"宣布"。另外，call a meeting 可译为"举行会议"。
3. subject to：在这里虽然也是"受……支配；服从于"的意思，但根据汉语表达习惯，这里可译为"受限于"。另外，从思维逻辑上看，该形容词词组与句子主干之间可视为存在转折关系。
4. in case：在这里不应取通常的"以防万一"之意，查《新牛津英语词典》可知其还有第二个意思，即 if it is true that，并给出了一个例句："In case you haven't figured it out, let me explain."。
5. accountee：这里指信用证开证申请人，意同 the applicant。
6. null and void：(of an election, agreement, etc.) having no legal force; not valid（选举、协议等）无法律效力的；无效的。null 和 void 是一对同义词，构成同义联合短语。法律英语中经常使用同义联合短语，以示强调，如 any and all、able and willing、terms and conditions、rights and interests 等。
7. release：这里是"免除职责"之意，根据上下文，这里可表述为"解除付款责任"。

单元知识检测

第七章
商务合同的翻译

第一节 基本常识

1.1 商务合同的定义

商务合同是有商务往来的各方在进行某种商务合作时，为了确立各自的权利和义务而依法订立的必须共同遵守的协议条文。商务合同在性质上是一种通用合同，在国际贸易中，若各方对合同货物无特殊要求，一般采用通用格式，主要包含以下全部或部分要素：

1）**合同名称**（document title）。合同名称简要地阐明签署合同的目的，如设备转让合同（Equipment Transfer Agreement）、运输合同（Shipping Contract）等。顺便提一下，contract 和 agreement 经常通用，但 agreement 的范围更广，既指书面合同（written contract），又指没有法律效力的非书面协议（unwritten agreement）。另外，合同正本要在右上方注明"Original"，副本则注明"Copy"。

2）**序言**（preamble）。序言是一段介绍性的文字，用来展示合同涉及的重要信息，如协议名称、签约日期、当事人等。

3）**当事人**（parties）。合同的第一部分通常要列出各方当事人的名称全名、详细地址、联系方式等。有时在列出名称全名后，还会明确规定合同下文提及有关名称时所用的简称。

4）**背景陈述**（recitals）。背景陈述有时在合同中并非必须，其主要是展示当事人的意向，点明相关条款以作为解释合同的重要依据。背景陈述在英文合同中通常采用"WHEREAS..., NOW THEREFORE..."（鉴于……，因此现在……）这样的文件格式（其中"NOW THEREFORE..."常用于背景陈述最后一段的开头，有时可以省略），但在中文合同中则习惯用"为（了）……，双方……"这样的文件格式。

5）**定义**（definitions）。定义是对合同中涉及的名词作出法律上的限定和解释。它可以散见于合同各个部分，但一些大型的、重要的合同通常将其置于第一部分。

6）**生效条件**（conditions precedent）。生效条件指合同生效前必须满足的条件，通常不属于合同主要条款，也不是必需条款。

7）**具体条款**（agreements）。具体条款规定各方当事人的权利与义务，所有内容一般用序号加正文的方式编排。

8）声明与保证（representations and warranties）。声明是各方当事人对己方具备签订相应合同所具备资质的事实性陈述，保证则是对合同标的义务事项的承诺。违反前者，将导致合同无效；违反后者，则一般仅可以寻求损害赔偿。声明与保证内容可长可短，虽然在合同中并非必须，但常见于购销合同中。

9）签署栏（signatures）。签署栏的内容根据需要有多有少，一般包括当事人的通信地址、开户银行及账号等内容。签署栏中的签字人与所在方构成了代理关系，如果没有其他约定或没有超出授权范围，则表示代表所在方。

10）附录（appendices）。附录是对合同正文的补充，与合同其他条款一样具有法律效力，通常在合同签署之前附上，其本身无须签署。

1.2 商务合同的类别

商务合同的范围比较广泛，涵盖商业语境下各种行业、各种交易等具有法律效力的文件，名目比较繁多，但常见的商务合同主要有五种。

1.2.1 普通商务合同

普通商务合同（general business contract）指涉及商业运营结构本身、保障利益相关者权益的法律协议，主要包括合伙合同（partnership agreement）、损害补偿合同（indemnity agreement）、保密协议（nondisclosure agreement）、房产及设备租赁合同（property and equipment lease）等。

1.2.2 购销合同

购销合同俗称买卖合同，常见的对应英文有 sales contract、sales agreement、sale of goods contract、bill of sale、purchase agreement、purchase order 等，意义大致相同，但部分英文涉及的交易内容比较特殊，如 bill of sale 一般只涉及汽车等财产的买卖。购销合同通常用于大宗商品交易，详细约定买卖双方的权利和义务，主要条款包括货物名称、数量、价格、质量、交货期限、交货方式、付款方式、违约责任等。

1.2.3 劳务合同

劳务合同（service contract）是就提供和使用相关服务而订立的协议，通常包括普通雇佣合同（general employment contract）、独立承包协议（independent contractor agreement）、竞业禁止协议（non-compete agreement）等，主要条款包括工作内容、时间期限、报酬、保险条款、赔偿条款、违约条款、争议解决与补救措施等。

1.2.4 授权协议

授权协议（licensing agreement）通常与专利、商标、版权等知识产权的使用有关。某个产品的发明者、创造者或所有者在向使用者授权时，通常要获取一定比例的利润，并对如何使用作出一定的限制，因此，授权协议主要包括使用范围、使用期限、专有权、使用费比例以及其他细节性条款。

1.2.5 期票

期票（promissory note）是一种借款合同，主要条款包括借款金额、借款期限、偿还方式、利率、滞纳金等。

第二节
翻译方法与技巧

2.1 商务合同的特点

商务合同通常是针对特定事项而拟订的,其受众一般只是与之利益相关并具有一定专业素养的各方当事人,远不如小说、新闻等文体那样广泛,普通读者有时可能很难透彻理解其中的某些内容。对译者来说,除在必要时咨询合同利益相关方或求助专业人士外,要准确理解和翻译商务合同,首先须从词汇和句式两个方面了解商务合同的特点。

2.1.1 词汇特点

商务合同是非常正式的文本,同其他正式的商务文本一样,会大量使用一些正式词汇和专业词汇。由于英语中商务文体所使用的正式词汇和专业词汇不胜枚举,前面一些章节已对其进行了一定的探讨,这里仅重点讨论一些常用且凸显商务合同严肃性的词汇,这类词汇主要有以下几种。

1. 间接指称

商务合同中通常使用间接指称来指代当事人,以使合同显得庄重严肃,如 Party A(甲方)、Party B(乙方)、the Third Party(第三方)、the Seller(卖方)、the Buyer(买方)、the Transferer(转让方)、the Transferee(受让方)等。

当然,某些由双方订立的英语商务合同有时也会用 we(us)、you 等人称代词指代当事人,虽然不如间接指称正式,但并不影响法律效力,如 "This agreement is between us: Ben Charles Ltd 96 Claypath, Durham DH1 1RG and you (individually and together): ..."。

2. 外来词

英语中通常会使用来自拉丁语和法语的外来词使表述显得更为正式,商务合同中也不乏一些外来词,常见的如来自拉丁语的 as per(按照)、tale quale(凭样品买卖)、in toto(全部地)等,以及来自法语的 force majeure(不可抗力)等。这些词汇看起来像两个词,笔者在教学过程中也经常看到有学生把它们当成两个词,查词典

第七章　商务合同的翻译

时只查其中看起来更陌生的（如见到 force majeure 时，只查 majeure），不仅费时，还影响理解。为提高翻译效率，译者有必要熟练掌握这些词汇，有时还需根据具体上下文对一些词汇是否为外来词作出初步判定。

3. 古语词

英语中商务合同所使用的古语词通常是一些合成词，其中大部分是以副词 here、there、where 为词根加上 by、after、in、of、on、upon、to、under、with、at 等小品词相组合而成。它们之间的组合能力非常强，每个词根都能跟上述几乎所有小品词组合构成新词，如 hereby（特此）、thereby（由此）、whereby（凭此）、hereat（于此）、thereat（因此）、whereat（因何）等。另外，here 和 there 还可以各自加上 in 再跟小品词 before、above、after、below 等分别组合构成新词，如 hereinbefore/hereinabove（在上文）、hereinafter/hereinbelow（在下文）、thereinbefore（在上文）、thereinafter（在下文）等。鉴于这类词比较多，而词典给出的解释由于脱离具体语境，对理解它们所起的帮助通常不大，尤其是 here 和 there 分别跟上述小品词相组合构成的新词，如果仅通过查阅英汉词典，我们通常很难看出它们在意义及用法上的差别（如以上几个例子中的中文所示），下面不妨提供一些小技巧。

在理解这类词时，我们通常可以将小品词与词根倒过来看，其中词根 here、there、where 可以分别看作 this、that、which，这样再结合具体语境，就不难理解这类词的具体意思了。例如，herein 可以理解为 in this，therein 可以理解为 in that，wherein 可以理解为 in which。这样不难看出，here 和 there 跟一些小品词组合构成的新词，虽然根据英汉词典有时可能会觉得意义非常相近，但绝对不能相互替换使用，因为它们在一定上下文中涉及的具体所指对象存在很大差别，这种差别就类似于 this 和 that 之间的差别；而 where 跟一些小品词组合构成的新词，通常用来引导定语从句，充当关系副词的功能。由于这类词是虚词，在翻译时大部分情况下可以忽略，当然必要时也可以根据上下文译出其语法或功能上的意义。下面略举几例，以加深对这些小技巧的理解。

例 1：

The undersigned **hereby** agrees that the new products **whereto** this trade name is more appropriate are made in China.

下述签署人同意在中国制造新产品，其品牌以此为宜。

这里 hereby 可以理解为 "by this (means)"，whereto 可以理解为 "to which"，其引导的定语从句相当于 "to which this trade name is more appropriate"。这两个词在翻译时均可以忽略。当然，有时为了强调，译者也可以把 hereby 译为"特此"，放在"同意"之前。值得注意的是，这里之所以用 whereto 引导定语从句，主要是为了显示合同的严肃性，我们同时也应该明白，这里之所以用 whereto 而不是 whereof、whereby 等词作关系副词，是因为句中 appropriate 后习惯跟介词 to。

例2：
This Contract shall come into force from the date of execution **hereof** by the Buyer and the Builder.

本合同自买方和建造方签署之日生效。

这里 hereof 可以理解为 of this，但不必译出。顺便提一下，that 一般用来指代上文提到的事情，this 则一般用来指代下文要提的事情，尤其是下文较长的叙述。但在本例中，execution 涉及的对象是上文中的 This Contract，因其中有 this，故这里用 hereof，而不是 thereof（当然这一现象也可以从另一角度解释：在一些例外情况下，this 和 that 都可以用来回指上文提到的事情）。

例3：
The Owner shall make available the Site and grant the Contractor free and uninterrupted access **thereto** throughout the duration of this Contract.

业主应提供工地，并允许承包商在本合同有效期内自由地、不受干扰地出入该工地。

这里 thereto 可以理解为 to that，而 that 则回指上文提到的 the Site，翻译时，译者须根据上下文将其中涉及的所指对象译出。顺便提一下，由于 access 后习惯跟介词 to，故其后用了 thereto，而不是 therein、thereby 等词。

例4：
He devised a plan **whereby** he might evade taxes.

他想出了一个可以逃税的办法。

这里 whereby 可以理解为 by which，其引导的定语从句相当于 by which he might evade taxes。

除上述在构成和意义上有一定规律的古语词外，商务合同中还有一些比较常用的古语词，如 whereas（鉴于）、aforesaid（上述的）等，这些都需要译者不断积累并掌握。

4. shall 的含义

上面例2和例3中的源文都出现了 shall 一词，该词在普通文体中经常与第一人称连用，具备表示将来时态、意愿或决心、提供意见或建议等功能，而在这两例中则是与第三人称连用，只具备表示义务或定则的情态功能。在英语法律文件中，shall 与第三人称连用的情况比较频繁，当然，这对英汉翻译来说并不构成问题，通常将其译作"应"或"应当"即可。然而，必须注意的是，shall 和 should 都可以译作"应当"，不过 should 的语气比较婉转，意味着原该或最好如此这般，如果不如此这般，那只好算了；而 shall 在语气上则无异于命令、警告等。在汉语法律文件中，使用"应当"的情况比较频繁，该词有时与"必须"是同义词（表示强制性的义务或定则，可译为

shall），有时则只表示一种客观陈述（不能译为 shall，更不能译为 should，只能根据具体语境采取合适译法），因此，在汉译英时，非常容易出现 should 或 shall 的滥用。学习英汉翻译时，透彻了解英语词汇的含义，对汉英翻译也有着重要意义。

5. 同义联合短语

所谓同义联合短语，就是由两个（偶尔两个以上）词性相同并且意义相同或基本相同的词联合组成的单个功能单元，一些英文术语，如 conjoint phrases (of synonyms or near-synonyms)、tautological word pairs、repetitive word pairs、binomial expressions 等，虽然存在一些细微差别，但大体上都是指这一语言现象（Toury，1995：103）。这一语言现象在汉语中有些类似于"同义复合词"，如喜悦、明亮、柔软、黑暗、教诲、寻找、呼喊、乘坐、哭泣等。

英语商务合同常用同义联合短语来体现表述的准确性和严密性，译成汉语时通常不必把每个词都译出，只需译其中一个词并根据具体上下文选取最恰当的表达，例如 amendments and revisions / any amendment to, or revision of...（修正）、alteration (modification) or substitution（变更）、agents and representatives（代表）、covenants and agreements（协议）、controversies and differences（争端）、custom fees and duties（关税）、force and effect（有效）、terms and conditions（条款）、provisions and stipulations（规定）、rights and interests（权益）、due and payable（到期应付的）、null and void（无效的）、sole and exclusive（唯一的）、by and between（由双方共同）、under and by virtue of（根据）、alter and change（变更）、bind and obligate（约束）、protect and save（保护）、sign and execute（签署）、made and signed（由……签署）、approved and accepted（批准）。

当然，如果同义联合短语中的两个同义词意思存在一定的差别，在符合汉语表达习惯的前提下也可以将两个词都译出，如 compensation or damages（补偿或赔偿）、losses and damages（损失和损害）、full/complete and final（全部和最终的）、any and all（任何和所有）、free and uninterrupted（自由并且不受干扰）。

2.1.2 句式特点

为使表达严密，英语商务合同中的句式结构通常比较复杂，一个长句成为一个段落的情况也比较常见，翻译时，译者非常有必要对这类句式进行语法结构分析。

例 5：
Technical Documentation means the technical literature, drawings, pictures, tapes, etc. that Party B possesses and has applied or developed for its own production as well as in its current manufacture during the validity term of the contract for designing, calculating, manufacturing, quality control, assembling installations, maintaining and testing of the Contract Products (hereinafter referred to as Documentation)...

技术文件指的是乙方所持有的并在生产中加以应用和开发的技术文献、图纸、照片、磁带等，在合同有效期内仍在当前的制作过程中，用于对合同的产品进行设计、计算、制造、质量控制、安装、维护、测试等（以下称文件）……

仔细推敲一下会发现，该译文存在明显的逻辑问题，因为"仍在当前的制作过程中"，说明还未制作出来，既然未制作出来，又如何成为"乙方所持有的"？另外，对照源文，我们还可以发现，for its own 也被漏译了。

造成该译文错误的根本原因，很可能是译者对源文比较复杂的语法结构没有做到正确分析。源文最复杂的部分在于由 that 引导的定语从句，这个定语从句含有两个并列的谓语，即 possesses 和 has applied or developed，相当于先行词后面跟了一短一长两个并列的定语从句，处理的难点也落在较长的部分上。在第二个谓语后面，有两个并列状语说明谓语所蕴含动作的目的，即 for its own production 和 for designing... of the Contract Products，这两个目的状语之间又夹了时间状语 in its current manufacture during the validity term of the contract，由于其被置于连接词组 as well as 之后，显然是对第二个目的状语起修饰作用。不难看出，时间状语中 manufacture 的意思不是"制作（技术文件）"，而是与 production 同义，即"生产（合同产品）"。经过这样的分析，再对源文进行切分，然后结合上一章探讨的保持原序法和提及的前置法，我们可以将该译文改为：

技术文件指的是乙方持有的技术资料、图纸、照片、磁带等，这些文件乙方既为**自身生产**进行了应用或开发，又**在合同有效期内的新近生产中**为合同产品的设计、计算、制造、质量控制、安装、维护和测试进行了应用或开发（以下称文件）……

可见，上一章有关英语长句的翻译方法与技巧对商务合同的翻译同样非常重要，而灵活运用这些翻译方法与技巧的必要前提，就是正确分析英语长句的语法结构。这里我们分析的是一个定语从句，而在实践中定语从句的翻译对英语长句的翻译来说也是一个非常重要的内容。必须注意的是，定语从句有长有短，有时还跟主句之间在意义和逻辑上并不是定语修饰关系，因而相较于其他语法结构，其在翻译时涉及的问题更为复杂。下面就承接上一章的相关内容探讨定语从句的翻译。

2.2 定语从句的翻译

定语从句虽然在语法结构上是先行词的定语修饰语，但与主句在意义和逻辑上不一定存在修饰限定或解释说明关系。在现代英语语法中，定语从句通常被称为关系分句（relative clause），从翻译的视角来看，这一称谓应该更为科学，因为翻译更注重意义和逻辑，很多时候不能将其简单地处理成汉语的定语。翻译定语从句时，可以根据从句与主句在意义和逻辑上的不同关系而采取具体的翻译方法与技巧，这种关系大体分为两种情形。

2.2.1 在意义和逻辑上存在修饰限定或解释说明关系

在这种情形下,定语从句的翻译通常比较简单。

例 6:

The usual rate of commission, <u>which we allow to indenting houses</u>, is 2%, but it may vary according to the nature of different products.

<u>我们通常给予代客订货商的</u>佣金是 2%,但也可能因产品的性质不同而有所改变。

例 7:

Our prices include for you a 2% commission, <u>which will be remitted to you promptly after completion of shipment and negotiation of payment</u>.

我方价格内含给你方 2% 的佣金。<u>此佣金将于货物装运完毕及货款议付之后迅速汇去</u>。

以上两例的定语从句对主句中的先行词分别起修饰限定和解释说明作用,从中我们也可以看出对这种情形的定语从句所采取的两种通常译法。例 6 中的从句比较短,译文采取前置法,并跟先行词的前置定语 usual 合并到一起作汉语的定语。例 7 中的从句比较长,译文将定语从句单独译成一个句子,并重复英语先行词。如果遇到更长的定语从句,有时可将部分内容采取前置法翻译,即同时采用两种译法,如上一节的例 5。

前置法是定语从句的最基本译法,但使用时要务必小心,因为许多翻译学习者之前学习英语时潜意识中形成了将定语从句等同于汉语的定语,故而通常倾向于在所有情况下对所有定语从句都采取这种译法。对于比较短的定语从句,译者虽然在一般情况下可以采取前置法将其处理成汉语的定语,但有时并不一定只有这种译法,而且有时采取前置法还可能造成表达效果不好,翻译时要有意识地通过比较根据具体情况选取最好的译法。同时,由于汉语通常难以容纳很长的定语,翻译比较长的定语从句通常不能采取前置法,而要单独译成一个句子或分句。另外,定语从句不管长短,若单独译成一个句子或分句,译者还要根据具体情况决定是否重复英语先行词或者译出关系词所代表的含义。试比较例 8 中的译文:

例 8:

There is a barcode on the front of this bill <u>which means it can be taken to any Post Office or PayPoint outlet</u> <u>where it will be scanned and payment taken</u>.

译文一:本账单前面有一个<u>意味着可以拿到任何将之扫描并完成支付的邮局或 PayPoint 公司专营店的</u>条形码。

译文二:本账单前面有一个条形码,<u>这意味着它可以被拿到任何邮局或 PayPoint 公司专营店</u>,<u>在那里它将被扫描并且支付被完成</u>。

译文三:本账单前面有一个条形码,<u>可以拿到任何邮局或 PayPoint 公司专营店将之扫描并完成支付</u>。

源文 which 引导的定语从句中又套了一个由 where 引导的定语从句，切分后从句都比较短。译文一采取前置法，不仅读起来非常生硬，而且没有突出源文的意义重心；译文二将定语从句单独译成分句，但如例 7 那样译出关系词所代表的含义使得译文比较啰唆；译文三将定语从句单独译成分句时省略了关系词所代表的含义，因而显得简洁流畅。

2.2.2 在意义和逻辑上不存在修饰限定或解释说明关系

在这种情形下，定语从句履行的功能通常类似于状语从句，翻译时将涉及较为复杂的分析和判断。大体而言，定语从句履行类似于状语从句的功能时，与主句在意义和逻辑上的关系通常有因果、让步、转折、条件、假设、目的等，翻译时，译者须根据具体情况选取合适的表达方式。下面分别举例说明。

1. 因果关系

例 9：
I would like to request a one-week leave of absence from the 4th to the 10th instant in order to return home to see my father, who is now dangerously ill.

因父亲病重，欲回家探望，故请假一周，从本月四日起至十日止。

例 10：
There was something original, independent, and heroic about the plan that pleased all of them.

这个方案富有创意，见解独特，很有魄力，所以他们都很喜欢。

定语从句在功能上有时相当于原因状语从句，如例 9，有时则相当于结果状语从句，如例 10。这两例中的定语从句都很短，但都不能简单地采取前置法译成汉语的定语。例 9 源文是请假条（leave request letter）的开头部分，而汉语文化中的请假条通常需要首先说明请假的原因，在这一语境下，定语从句的内容只能译成表示原因的分句。例 10 源文如果改写成 "The plan that pleased all of them was something original, independent, and heroic."，那么同样的定语从句就要采取前置法，译为"他们都很喜欢的方案富有创意、见解独特、很有魄力"；通过比较我们可以发现，两种不同的句式有着不同的语义重心，故而从句与主句在意义和逻辑上的关系就有所不同。

2. 让步和转折关系

第六章第二节例 3 中的定语从句与主句在意义和逻辑上就存在转折关系，故而在译文中增加了连词"但"，例 11 和例 12 中定语从句与主句在意义和逻辑上则存在让步关系。

例 11：
A flood of rebates and cut-rate financing offers, which might help Detroit move inventory, will come at a huge cost.

第七章　商务合同的翻译

大量的折扣和降息融资优惠<u>即使会帮助底特律转移存货</u>，也将付出巨大的代价。

例 12：
He insisted on buying another coat, <u>which he had no use for</u>.
他坚持要再买一件上衣，<u>尽管他并不用得着</u>。

让步和转折都涉及将两种信息进行对比，可视为对比关系的两个子类。二者之间的细微差别是，让步表示一种信息是（假定的）条件，另一种信息是无视这一条件的（令人意外的）结果，转折则表示两种信息是在逻辑上形成对立的客观事实。对翻译而言，译者一般不必考虑让步与转折之间的细微差别，只要判断出定语从句和主句在意义和逻辑上存在某种对比，就可根据具体情况用"即使……也……""尽管……还是……""虽然……但是……""但""而""然而""却"等连接相关内容。

3. 条件和假设关系

例 13：
All statements included in this document (other than statements of historical facts) <u>which address activities, events or developments that management anticipates will or may occur in the future</u> are forward-looking statements, including statements as to the following: ...

在本文件所包括的所有陈述中，除关于历史事实的陈述之外，<u>凡涉及管理层预计将会或可能在今后发生的活动、事件或事态发展的陈述</u>，都属于前瞻性陈述，其中包括关于以下事项的陈述：……

例 14：
Investment facilitation measures, such as creating a conducive business environment through streamlined registration and licensing procedures, will have a positive effect on exports <u>where they attract export-oriented investment</u> and <u>where they result in the build-up of critical productive assets, infrastructure and capabilities needed for exports</u>.

投资便利化措施，比如通过简化注册和许可证发放程序创建有利的商业环境，<u>若吸引出口导向型投资，并使出口所需的关键生产性资产、基础设施和能力得以提升</u>，将会对出口产生积极影响。

例 13 源文的主干是 All statements are forward-looking statements，与先行词 statements 分离的由 which 引导的定语从句可以看作主干内容的条件。例 14 源文有两个由 where 引导的定语从句，与先行词 environment 分离，根据上下文我们可以判断，从句内容是对什么样的商业环境作出假设。

应该指出的是，假设关系包含条件关系，有时还包含让步关系，但翻译时，译者不必对这些概念过于纠结。一般来说，定语从句内容包含一种条件，而主句内容包含在这种条件下所产生的结果，翻译时，译者可根据具体情况用"只要……就……""只有……才……""既然……就……""凡……都……""除非……才……""无论……都……""不管……都……""如果……就……""倘若……那么……""如……则""若""倘"等连接相关内容。

4. 目的关系

例 15：
Figures, lists and information are compiled <u>which tell the managers or heads of the business what is happening in their shops or factories.</u>

工作人员把各种数字、表格和信息进行汇编，<u>以让经理或主管人员了解他们商店或工厂的动态。</u>

例 15 源文中 which 引导的定语从句根据语境，我们可以断定是主句动作的目的。目的关系一般可用"以""以便""以免""来""为了"等连接相关内容。

以上分析了定语从句与主句在意义和逻辑上的关系。需要强调的是，判断这些具体关系，必须根据具体的语境，在不同的语境下，同样的定语从句可能需要采取不同的译法。因此，定语从句的翻译远不能局限于语法结构的分析。

另外值得注意的是，英语状语从句通常需要用连接词表示主从句之间的逻辑关系，而汉语却有时不用连接词也能表示分句或句子之间的逻辑关系。

例 16：
太阳离我们太远了，看上去只有盘子那么大。（因果关系，省略连接词"因为……所以……"）

例 17：
今天工作不努力，明天努力找工作。（假设关系，省略连接词"如果……那么……"）

由于汉语的这一特征，遇到定语从句履行类似于状语从句的功能时，译者可根据具体情况决定是否采用相应的连接词来连接相关内容。

第三节 实例精解精译

原文:

Business Contract for Advertising Agency[1]

Parties

This Business Contract for Advertising Agency ("Contract")[2], dated August 4, 2021, is made by and between[3] _____ at _____ _____ ("Agency") and _____ at _____ _____ ("Client"[4]), collectively referred to as "Parties".

In consideration of the mutual promises and covenants in this Contract, of which the receipt and sufficiency are hereby acknowledged[5], the Parties further agree to the terms as follows:

Services

Whereas[6], the Client, a registered business entity engaged in crafting healthy and delicious food products, needs advertising services for all its products, including upcoming releases and future creations;

Whereas, the Agency, an established[7] company focused on digital and offline marketing services, agrees to provide advertising services for the Client in a given time period;

Whereas, the Client and Agency agree to enter into this Contract according to the expectations and demands of the Parties.

The Agency agrees to perform and complete the following advertising services ("Services") in a timely and professional manner:

- Study the products and current marketing plans of the Client and update the materials for short-term and long-term purposes;

- Develop advertising programs, plans, and activities for print, television, outdoor, and online advertising platforms or media; and

- Write progress reports on the success, growth, or problems of the advertising plans and include recommendations.[8]

Terms and Conditions

- **Service Term.**

  This Contract shall be effective for three (3) years, starting on August 16, 2021, and terminating on August 16, 2024 ("Term"). The Client may renew this Contract for another Term before its full termination.

- **Payment Process.**

  The Client shall pay the monthly service fee of $6,700.00 for all the Agency's services. The payment is inclusive of the travel budget allotted for the Agency. Each payment shall be made every 6th of the month.

- **Confidentiality.**

  As this agreement's purpose revolves around advertisement and marketing, the Parties understand that confidential information may be displayed for either party. Hence, the Parties shall maintain the confidentiality of any and all information disclosed, discovered, and created for this Contract and business arrangement.

- **Ownership Rights.**

  All the digital and physical files, materials, and elements created by the Agency for this business arrangement shall belong to the client. The Agency shall not duplicate, replicate, or use the advertising materials for other purposes outside this Contract's scope.

- **Return of Materials.**

  After the termination of this Contract, the Agency is given five (5) days to return all of the confidential materials, files, and instructions used during the course of the agreement.

- **Severability.**[9]

  The uncertainty or unenforceability of any provision in this Contract shall not affect the validity, construction[10], and enforceability of the remaining provisions. The Parties shall tackle the solution for the invalid provision separately from the other terms and conditions.

- **Governing Law.**

This Contract shall be governed by and construed in the applicable laws of the State of New Jersey where the undersigned Parties currently reside[11].

Signature

Signature	Signature
Name	Name

注释：

1. business contract 作为统称时可以译作"商务合同""贸易合同"等，但其在这里的合同名称中已有具体所指，故不必翻译 business 一词。
2. 括号中带引号的词表示下文提及相关内容时即使用该词，翻译这些词时可在前面增加"称为"一词，以避免汉语行文显得突兀。
3. by and between 是英语商务合同中常用的同义联合短语之一，用以强调合同是由双方共同签订的。下文中的 promises and covenants、Terms and Conditions、any and all 等都是同义联合短语，注意只需译其中一个词并根据具体上下文选取最恰当的表达。
4. client 可译为"客户""顾客""委托人"等，但取"委托人"之意才最符合其作为合同当事人的语境。
5. in consideration of 是正式用语，意为 in return for something; on account of something，这里根据上下文可译为"作为……"。定语从句 of which the receipt and sufficiency are hereby acknowledged 中 which 的先行词是 this Contract，古语词 hereby 可以忽略不译。
6. 本节相当于合同中的背景陈述。背景陈述在英文合同中通常分几段列出，每段实际上大都是一个长句，开头均用 whereas，为表示与下一个同样以该词开头的段落存在衔接，前一段的末尾通常用分号或在分号之后加上 and，再加上逗号或不加标点。最后一个用 whereas 的段落末尾可用句号，但若其下面的段落开头用 now therefore，则不能用句号，而用分号或跟其前一段落末尾所用的标点符号一致。由于中文合同一般不习惯用这种段落格式，翻译时可以考虑在准确传达源文意思的前提下，适当作出调整。首先，"Whereas..., now therefore..."虽然可以译成"鉴于……，因此现在……"，但可根据具体情况省略不译或采用其他更符合中文合同习惯的表述方式。其次，源文段落末尾是分号的可处理为句号，分号之后加上的

and 可省略不译，同时还可能有必要将几个段落合并到一起。另外，这种格式上的调整还可扩大到其他方面，比如：(1) 英文源文通常采用全齐头式，中文译文可以改为缩进式，即对一些主要段落的首行进行空格；(2) 英文列举一些事项时通常用点句符放在段落开头，翻译时可根据具体情况省略这一符号或将之改为编号的形式。

7. established 意为 officially recognized or generally approved of because it has existed for a long time，这里可译为"老牌的"。
8. 这里带有点句符的三段表示列举，有以下几点需要注意：(1) 不能将介词 for 一律译成"为……"，而要根据具体语境去选词。例如，for print, television, outdoor, and online advertising platforms or media，若译成"为纸质、电视、户外和在线广告平台或媒体"，则会让人费解，因为本合同中广告代理商的服务对象是委托人而不是这些广告平台或媒体，故应采取词性转换法，将介词转换为动词，译成"投放到纸质、电视、户外和在线广告平台或媒体"。(2) develop 在英语中可以跟 programs, plans, and activities 等搭配，但若简单地译成"发展"，则会在汉语中造成搭配不当，故应根据具体的习惯搭配，采用重复法，选用一些近义词来表达，比如 develop 可译成多个词，即"开发（项目）、研制（计划）、展开（活动）"等。(3) 同样，on the success, growth, or problems of the advertising plans 中的介词 on 虽可以理解为"关于"，但根据具体的习惯搭配，应同时采用词性转换法和重复法，译成"推进"和"讨论"两个动词，即将该短语译为"推进广告计划的成功、成熟或讨论其中的问题"。
9. severability 可译为"可分割性条款"或"条款独立性"，该条款通常不是合同的核心条款，主要是为了避免合同中某个条款违反法律或者无法执行而导致整个合同无效的情况。
10. construction 根据上下文，不能理解为"构建"，而应理解为"解释"，即与 interpretation 是同义词。
11. 在一定程度上，本句中 where 引导的定语从句与主句在意义和逻辑上存在因果关系。

参考译文：

广告代理合同

当事人

本广告代理合同（称为"合同"）2021 年 8 月 4 日由位于 _____ 的 _____（称为"代理商"）和位于 _____ 的 _____（称为"委托人"）双方共同签订，双方统称为"当事人"。

当事人承认收到本合同，并承认本合同的充分性，同时作为相互承诺，进一步同意以下条款：

第七章 商务合同的翻译

服务内容

委托人系一家致力于精心制作健康美味食品的注册企业实体,其所有产品,包括即将推出的产品和将来创造的产品,需要广告服务。代理商系一家专注于数字和线下营销服务的老牌公司,同意在一定时间内为委托人提供广告服务。委托人和代理商同意根据当事人的期望和要求签订本合同。代理商同意及时、专业地履行并完成以下广告服务(称为"服务"):

1. 研究委托人的产品及当前营销计划,并针对短期和长期目标更新材料。

2. 开发广告项目、研制广告计划并展开广告活动,投放到纸质、电视、户外和在线广告平台或媒体。

3. 撰写进度报告,推进广告计划的成功、成熟或讨论其中的问题,并在其中列入建议。

协议条款

一、服务期限

本合同有效期为三年,自2021年8月16日起至2024年8月16日止(称为"期限")。委托人可在合同到期前再续签一个期限。

二、付款流程

委托人应为代理商的服务每月支付服务费 \$6 700.00,该费用包括划拨给代理商的差旅费。每笔付款应在每月6日完成。

三、保密条款

由于本协议旨在以广告和营销为中心,双方当事人理解保密信息会展示给对方。因此,双方当事人须为因本合同及本商业安排而透漏、发现和产生的所有信息保密。

四、所有权

所有代理商为本商业安排产生的数字与实体卷宗、材料和素材都归委托人所有,代理商不得出于本合同范围之外的其他目的而复制、仿制或使用这些广告材料。

五、材料返还

本合同期满后,代理商应在五日内返还在协议期内使用的所有机密性材料、卷宗和指令。

六、条款独立性

本合同中任何条款若具有不确定性或不可执行性,不得影响其余条款的效力、解释和可执行性。双方当事人在解决无效条款时,应将其与其余条款分别对待。

七、适用法律条款

鉴于签字的双方当事人当前居住于新泽西州,本合同应受该州的适用法律管辖并按这些法律解释。

签署栏

签章: 签章:
姓名: 姓名:

练习题

一、将下列英文商务合同中常见术语翻译成汉语。
1. contract object
2. default/breach of contract
3. recission
4. novation
5. legal entity
6. the claimant for compensation
7. unfair competition
8. force majeure
9. joint and several liability
10. without prejudice

二、翻译下列定语从句，并指出从句与主句在意义和逻辑上的关系。
1. The title of Institute Professor is an honor bestowed by the Faculty and Administration of MIT on a faculty colleague who has demonstrated exceptional distinction by a combination of leadership, accomplishment, and service in the scholarly, educational, and general intellectual life of the Institute or wider academic community.
2. Behaviorists suggest that the child who is raised in an environment where there are many stimuli which develop his or her capacity for appropriate responses will experience greater intellectual development.
3. The Contract Price is not subject to escalation, and the cost of executing the Works shall be the risk of the Contractor who shall be deemed to have obtained all information and taken into account all circumstances which may affect the cost in agreeing the Contract Price.
4. Electronic computers, which have many advantages, cannot carry out creative work and replace man.
5. We offer a pickup service at greatly reduced rates, which is to ease the returns process.
6. Third World countries export their mineral deposits and tropical agricultural products, which bring them desired foreign exchange.
7. An asset-backed security is a bond which is backed by the cash flows from a pool of specified assets in a special purpose vehicle rather than the general credit of a corporation.

8. The Company's policy is to return cash to shareholders through dividends and/or share repurchases <u>that are surplus to anticipated investment opportunities that can provide the required return</u>.

三、对下列长句进行语法结构分析，再将它们翻译成汉语。

1. If either party to this Contract is prevented or delayed from or in performing any of his obligations under this Contract by force majeure, then he may notify the other party of the circumstances constituting the force majeure and of the obligation performance of which is thereby delayed or prevented and the party giving the notice shall thereupon be excused from the performance or punctual performance, as the case may be, of such obligation for so long as the circumstances of prevention or delay may continue.

2. Neither of the parties hereto shall unless compelled so to do by any court of competent jurisdiction either before or after the termination of this Agreement disclose to any person (other than a director, officer, auditor or accountant of the party) not authorised by the relevant party to receive the same any information relating to such party or to the affairs of such party of which the party disclosing the same shall have become possessed during the period of the Agreement and each party shall use its best endeavors to prevent any such disclosure as aforesaid.

四、将下列商务合同条款翻译成汉语。

    Definition. "Confidential Information" means any information, technical data, or know-how[1] (including, but not limited to, information relating to research, products, software, services, development, inventions, processes[2], engineering[3], marketing, techniques, customers, pricing[4], internal procedures, business and marketing plans or strategies, finances[5], employees and business opportunities) disclosed by Disclosing Party to Recipient either directly or indirectly in any form whatsoever including, but not limited to, in writing, in machine readable or other tangible form[6], orally or visually[7] (subsequently reduced to writing) (i) that has been marked as confidential; (ii) whose confidential nature has been made known by Disclosing Party, orally or in writing, to Recipient; or (iii) that due to its character and nature, a reasonable person under like circumstances would treat as confidential.[8]

注释：

1. know-how：专有技术（knowledge of the methods or techniques of doing something, especially something technical or practical）。
2. processes：这里应理解为"工艺流程"。

3. engineering：这里应理解为"设计制造"（designing and building something）。
4. pricing：这里应理解为"定价"（the act of deciding how much to charge for something）。
5. finances：注意该词是复数，这里应译为"财务"，finance 表示"金融"之意时是不可数名词。
6. tangible form：该词为法律术语，意为"有形形式"。
7. orally or visually：根据句子结构，可以判断该副词词组是 in machine readable or other tangible form 的修饰语，这里可根据具体语境转换为名词词组以用作定语，其中 visually 本义为"视觉上"，还应根据表意需要灵活变通，可考虑译为"影像方式"。
8. 作为合同中的定义，本段包含许多复杂成分，翻译时，译者要首先抓住语义重心，把定义的主要内容表述出来。最后三个带有编号的定语从句是界定"Confidential Information"的重心，可优先处理，将之与句子主干（"Confidential Information" means any information, technical data, or know-how）一起翻译，并在翻译句子主干时采取增词法，用"符合如下条件的"概括这三个定语从句。

单元知识检测

第八章
招股说明书的翻译

第一节

基本常识

1.1 招股说明书的定义

单就汉语名称而言，招股说明书（prospectus）听起来似乎是产品说明书的一种，但实际上二者是完全不同的文件。产品说明书是以指导消费为主要目的的说明性文件，基本上不具有法律效力，而招股说明书是公司申请上市时向公众披露有关事项、向非特定投资人提出购买或销售其股票的要约邀请性文件，经有关部门批准后，便是具有法律效力的公开披露文件。这种文件在中国香港地区称为"招股章程"。严格来说，内地的"招股说明书"与香港的"招股章程"并不完全一样，但它们性质相似，基本内容大致相同，都对应英文中的 prospectus。

现今不少公司为进一步拓展业务，纷纷通过在证券市场上市来募集资金。申请上市的公司（股票发行人）除必须达到各证券交易所制定的基本条件外，还必须刊发招股说明书。招股说明书不仅是申请上市的公司必须提交的重要文件之一，也是投资者对相关公司进行投资分析的主要参考依据，其主要目的就是展现公司的财政实力、营运状况和发展潜力，吸引潜在的投资者投资。

1.2 证券交易所及证券管理机构

招股说明书须经证券交易所和证券管理机构审核、批准。证券交易所是有组织的证券交易市场，主要业务是提供证券集中交易的场所和设施，提供证券市场的信息服务，在主管机关批准的范围内管理证券商和上市公司等。通过证券交易所进行的股票买卖活动叫作"场内交易"（exchange traded）。国际上最为知名的证券交易所当属纽约证券交易所（New York Stock Exchange，NYSE）和纳斯达克证券交易所（National Association of Securities Dealers Automated Quotation，Nasdaq）。目前，我国有五个证券交易所，其中两个在香港和台湾地区，三个在内地（大陆）。

中国香港作为国际主要金融中心之一，其证券市场有着比较悠久的历史和完备的体系。目前，香港证券市场活动由香港交易及结算所有限公司（Hong Kong Exchanges and Clearing Limited，HKEx，简称"香港交易所"或"港交所"）负责运作及管理。

在中国台湾，1961 年成立的台湾证券交易所（Taiwan Stock Exchange，TWSE，简称"台证所"或"台交所"）是该地区唯一的证券交易所，经过半个多世纪的发展，台湾的证券市场也逐渐建立了一套较为完善的证券发行与交易体系和制度。

内地（大陆）的证券市场起步较晚，但发展迅速。1990 年底，内地（大陆）先后成立了上海证券交易所（Shanghai Stock Exchange，SSE，简称"上交所"）和深圳证券交易所（Shenzhen Stock Exchange，SZSE，简称"深交所"），2021 年又成立了北京证券交易所（Beijing Stock Exchange，BSE，简称"北交所"）。这三大交易所的功能定位也有所不同，沪市和科创板在上交所上市，深市和创业板在深交所上市，新三板在北交所上市。

1992 年 10 月，国务院证券委员会（Securities Commission of the State Council，SCSC，简称"国务院证券委"）和中国证券监督管理委员会（China Securities Regulatory Commission，CSRC，简称"证监会"）宣告成立，标志着内地（大陆）证券市场统一监管体制开始形成。国务院证券委是国家对证券市场进行统一宏观管理的主管机构；证监会是国务院证券委的监管执行机构，依照法律法规对证券市场进行监管。1998 年，证监会被确定为国务院直属机构，并成为取代国务院证券委职能的唯一最高证券监管机构。

1.3 招股说明书的基本内容

中国证监会于 2023 年发布了长达 47 页的《公开发行证券的公司信息披露内容与格式准则第 57 号——招股说明书》，我们首先根据该准则简要介绍一下中国内地（大陆）[香港和台湾地区的招股说明书（或招股章程）与内地（大陆）的主要架构还是有所不同]招股说明书的主要架构：

1）封面、扉页、目录、释义。封面应标有"×××公司首次公开发行股票并在主板/科创板/创业板上市招股说明书"字样，并载明发行人、保荐人、主承销商的名称和住所。扉页除应在显要位置载明规定的声明外，还应列表载明发行股票类型、发行股数、每股面值、每股发行价格、预计发行日期、发行后总股本等信息。目录应标明各章、节的标题及相应页码。在目录次页应对可能造成投资者理解障碍及有特定含义的术语作出释义。

2）概览。概览一般用概括性的文字或列表形式对招股说明书全文进行精确、扼要的提示，以便投资者整体把握企业概况，包括但不限于：重大事项提示、发行人及本次发行的中介机构基本情况、本次发行概况、发行人主营业务经营情况、发行人板块定位情况、发行人报告期主要财务数据和财务指标、发行人选择的具体上市标准、募集资金运用与未来发展规划、其他对发行人有重大影响的事项等。它不应重复列示招股说明书其他章节的内容，也不得披露招股说明书其他章节披露内容以外的其他信息。

3）风险因素。风险因素应披露当前及未来可预见的对发行人构成重大不利影响的直接和间接风险，包括与发行人相关的风险、与行业相关的风险和其他风险。

第八章 招股说明书的翻译

4）**发行人基本情况**。发行人基本情况除披露注册名称、注册资本、法定代表人、成立日期、联系方式等基本情况外，还应披露许多其他细节性的信息，主要包括：公司设立情况和报告期内股本、股东变化情况，成立以来重要事件（含报告期内重大资产重组），公司在其他证券市场的上市/挂牌情况，持有发行人5%以上股份或表决权的主要股东及实际控制人的基本情况，股本有关情况，董事、监事、高级管理人员及其他核心人员的情况，员工情况，等等。

5）**业务与技术**。业务与技术应披露以下信息：主营业务、主要产品或服务及演变情况，业务竞争状况，销售情况和主要客户，采购情况和主要供应商，对主要业务有着重大影响的主要固定资产、无形资产等资源要素的构成，主要产品或服务的核心技术及技术来源，相关技术所处阶段，核心技术是否取得专利或其他技术保护措施，保持技术持续创新的机制、技术储备及创新安排等，生产经营涉及的主要环境污染物、主要处理设施及处理能力，等等。

6）**财务会计信息与管理层分析**。财务会计信息应披露的内容主要有：与财务会计信息相关的重大事项及重要性水平的判断标准，报告期的资产负债表、利润表和现金流量表，发行人重大会计政策或会计估计，报告期非经常性损益的具体内容、金额及对当期经营成果的影响、扣除非经常性损益后的净利润金额，报告期的主要财务指标，等等。管理层分析一般包括发行人的经营成果，资产质量，偿债能力、流动性与持续经营能力，重大资本性支出与资产业务重组等。

7）**募集资金运用与未来发展规划**。募集资金运用与未来发展规划应披露的信息主要包括：募集资金的投向和使用管理制度，募集资金对发行人主营业务发展的贡献、未来经营战略的影响，募集资金运用情况，制定的战略规划，等等。

8）**公司治理与独立性**。公司治理与独立性应披露的信息主要有：公司管理层对内部控制完整性、合理性及有效性的自我评估意见以及注册会计师对公司内部控制的鉴证意见，发行人直接面向市场独立持续经营的能力，关联方、关联关系和关联交易，等等。若报告期内公司治理与独立性存在瑕疵，则应披露具体情形及整改情况。

9）**投资者保护**。发行人在投资者保护方面的披露事项主要包括：本次发行完成前滚存利润的分配安排和已履行的决策程序，本次发行前后股利分配政策差异情况，有关现金分红的股利分配政策、决策程序及监督机制，保护投资者合法权益的各项措施，等等。

10）**其他重要事项**。其他重要事项应披露的内容包括重大合同情况、对外担保情况、重大诉讼或仲裁事项等。

11）**声明**。招股说明书正文后应签署各种规定的声明，签署这些声明的个人或机构包括：发行人及其全体董事、监事、高级管理人员，发行人控股股东、实际控制人，保荐人（主承销商），发行人律师，为本次发行承担审计业务的会计师事务所，为本次发行承担评估业务的资产评估机构，为本次发行承担验资业务的机构，等等。

12）**附件**。附件应披露与本次发行有关的重要文件，如发行保荐书、上市保荐书、法律意见书、财务报告及审计报告、公司章程，与投资者保护相关的承诺，经注册会计师鉴证的非经常性损益明细表，等等。

　　一份招股说明书通常多达好几百页，在拟定过程中还必须遵循相应的规定。股票场内交易市场主要包括主板市场（Main Board Market）、创业板市场（Growth Enterprise Market；ChiNext Market）、科创板市场（STAR Market）等。证券交易所对主板市场、创业板市场、科创板市场等的上市要求并不一样，对相应招股说明书的拟订要求多少会存在差异。此外，不同国家或地区也会制定相应的准则，用以规范招股说明书的披露，因此不同国家或地区在拟定招股说明书时可能采取不同的架构。

　　虽然各种招股说明书会在某些方面有所不同，但不管什么招股说明书，都应披露对投资者作出价值判断和投资决策有重大影响的信息，因此它们的基本内容大同小异，跟上述中国内地（大陆）招股说明书的主要架构并无本质差别。另外，招股说明书是公开发行股票时最为全面反映发行人信息的文件，为方便投资者查阅所需信息，通常会分为多个章节，各章节下又列出一些大小标题，条理非常清晰，并且通常会采用图片、图表等把一些复杂的数据较为直观地展现出来。

第二节
翻译方法与技巧

2.1 招股说明书的特点

招股说明书必须保证所披露的信息真实、准确、完整,不能带有任何主观色彩,不得使用祝贺性、广告性、恭维性或诋毁性的词句,尽量使用事实描述性的语言。整体而言,招股说明书文字平实,语调庄重,遣词用字清楚准确,句子结构严谨周密。本节仅从词汇和句式两个方面管窥英文招股说明书的特点。

2.1.1 词汇特点

跟前几章讲到的信用证和商务合同一样,招股说明书也是具有法律效力的文件,会大量使用一些正式词汇和专业词汇。但值得注意的是,招股说明书是比较专业的金融文本,在所使用的专业词汇中,财经金融词汇占据较高的比例。因此,要翻译这类文件,译者有必要了解一定的财经金融知识,并积累一些相关词汇。

下面仅列举少部分英文财经金融词汇及其对应的中文,以供学习参考:

arbitrage	套利;套汇
book value	账面价值
call option	看涨期权
cook the books	做假账
debt to equity	债转股
delist	退市;摘牌
economy of scale	规模经济
floating interest/exchange rate	浮动利/汇率
go public	上市;公开出售股份
hedge against	对冲
hedge fund	对冲基金;避险基金
holding company	控股公司
initial offerings	原始股

inscribed stock	记名股票
inter-bank lending	银行同业拆借
investment payoff period	投资回收期
joint-stock	股份制的
leveraged loan	杠杆贷款
paper profit	账面收益
physical assets	实体资产；有形资产
portfolio	投资组合
put option	看跌期权
recapitalize	进行资本重组
share/stock option	股票认购权；股票期权
turnover	营业额
venture capital	风险资本；创业投资

有些财经金融词汇实际上是由普通词汇演化而来的，如 bullish market（牛市）、bearish market（熊市）、bull（预期股价上涨的买空者）、bear（对股市行情看跌的卖空者）、haircut（对抵押品市值的折减）、free ride（无本获利）等。招股说明书可能涉及多个行业，有些财经金融词汇在其他行业里有着完全不同的含义，如 equity 在财经金融行业指"股本"或"资产净值"，而在法律行业则指"衡平法"；stop loss 在财经金融行业指"止损"，而在保险行业则指"赔付率超赔"；spread 在财经金融行业指"股票的价差"，而在出版行业则指"横贯两版的篇幅"；turnover 在财经金融行业指"营业额"，而在企业管理行业则指"人事变更率"或"人员流动率"，在销售行业则指"货物周转率"或"销售比率"。遇到这些词汇，译者应根据具体语境准确传达其意义。

有些英文财经金融词汇还经常以缩略语的形式出现，译者也有必要熟悉其含义。下面仅列举几个较为常见的缩略语及其对应的中文和英文全称：

BEP	保本点；收支平衡点（Break-Even Point）
ETF	交易所交易基金（Exchange Traded Funds）
IPO	首次公开募股（Initial Public Offering）
LOF	上市型开放式基金（Listed Open-Ended Fund）
M&A	并购（Mergers and Acquisitions）
OTC	场外交易（Over-the-Counter）
ROIC	投资资本回报率（Return on Invested Capital）
YTC/YTM	早赎收益率（Yield to Call）/到期收益率（Yield to Maturity）

为使行文简洁，招股说明书不仅经常使用一些常见的缩略语，还通常将较长且重复出现的名词进行缩略，这样产生的缩略语一般会在"释义"等部分作出解释。翻译缩略语时，我们可以参照第四章中"外来专有名词的译法"，译文应尽量简洁，但必须以准确、易懂为前提。例如，LIBOR 对读者来说比较陌生，过于简洁的译文可能导致

译文读者或难解其意，或因需要频繁查阅"释义"部分而感到不便，只能逐字译出其全称 London Inter-Bank Offered Rate，即"伦敦银行同业拆借利率"或"伦敦银行同业拆息"。

另外，招股说明书中涉及的上市公司名称后常带有"Co""Corp""Ltd""Inc"之类的缩略语。其中"Co"和"Corp"的全称分别是 Company 和 Corporation，二者均可译作"公司"；"Ltd"和"Inc"的全称分别是 Limited 和 Incorporated，二者均可译作"有限公司"。

2.1.2 句式特点

英文招股说明书是典型的正式语体文本，在句式上主要有两大特点：一是长句较多；二是被动句较多。

跟商务合同等文体一样，招股说明书多用冗长的句子，一个英语长句构成一个段落的情况也比较常见。一般来说，英语长句主要通过以下几种方式形成：

第一，使用并列连词 and、or、but 等连接多个句子，构成并列复合句。

第二，使用各种从句构成主从复合句，包括主语从句、宾语从句、表语从句、定语从句、同位语从句以及表示时间、因果、条件、让步、目的等的状语从句。

第三，较多使用骈合结构（又称"多枝共干结构"），如一个主语有两个或两个以上的谓语，一个谓语有两个或两个以上的宾语，两个或两个以上的介词共享一个宾语，多个定语修饰一个名词，一个定语修饰多个名词，等等。

第四，较多使用名词短语、形容词短语、介词短语、分词短语等充当句子的各种成分，尤其是对名词或代词进行修饰，以使结构紧凑、表意严密。

不管是哪种方式形成的英语长句，翻译时都可以通过灵活运用第六章和第七章中所讲的翻译方法与技巧得到较好的处理。

在英语中，被动句比较有利于客观公正地阐述事实本身，避免给人主观臆断的感觉，因而常见于招股说明书等文体。鉴于英汉两种语言在被动句的使用方面存在较大差异，下面重点讨论一下被动句的译法。

2.2 被动句的译法

被动句是用来表达被动意义的主要方式，但其在英语中的使用频率比在汉语中要高得多。因此，英语被动句译成汉语时，很多情况下都要译成主动句，当然有些时候也可以译成被动句。

2.2.1 译成汉语主动句

英语被动句译成汉语主动句时，译者可以采取以下几种方法。

1. 将英语被动句中的主语调整为译文中的宾语

英语被动句中的动作施动者如果明确由 by 引出，可以让它在译文中作主语；如果没有明确说出，则可以根据具体语境补上动作施动者作译文的主语，或者译成无主语句。不管哪种情况，译者均要将源文中的主语调整为译文中的宾语。

例 1：

Any information or representation not made in this prospectus <u>must not be relied on by you</u>.

<u>阁下不可依赖</u>未在本招股说明书中载明的任何资料或陈述。

例 2：

<u>No person has been authorized</u> to provide you with information that is different from what is contained in this prospectus.

（本公司）<u>未授权任何人</u>向阁下提供与本招股说明书内容不同的资料。

另外，有些英语被动句以 it 作形式主语，翻译时，译者通常将 it 省略不译，并将后面 that 引导的主语从句调整为译文中的宾语。这种句型一般不明确说出动作施动者，译者可以根据具体语境补上"有人""大家""人们""我们"等作译文的主语，或者译成无主语句。

例 3：

<u>It is said that</u> small farmers are leaving farming because of poor returns and scarcity of agricultural labor.

<u>有人说 / 据说</u>由于回报率低和农业劳动力短缺，小农场主就要放弃农场经营了。

2. 英语被动句中的主语在译文中仍作主语

有人曾对肉夹馍的名称提出疑问：明明是"馍夹肉"，为何称为"肉夹馍"？这实际上是狭隘地认为主动形式只能表达主动意义，而"肉夹馍"即"肉被夹在里面的馍"，"夹"在这里是主动形式表达被动意义。汉语中还有很多用主动形式表达被动意义的情况，如"门开了"，实际上表达的意思是"门被开了"。英语中 look、taste、smell、sound、feel、write、read、sell 等动词，want、need、require 等后接的动名词，以及一些不定式短语等，也可以用主动形式表达被动意义。正因为英汉两种语言都存在这一现象，有时英语被动句和汉语主动句可以是同样的主语。

例 4：

The Offer Shares <u>may not be offered or sold</u> in the United Kingdom prior to the expiration of a period of six months.

在为期六个月的期限届满之前，要约股份<u>不得在英国境内发行或销售</u>。

另外，有时为了使译文更为通顺，译者不能照搬被动结构中主要动词的字面意思，而在根据具体语境对其进行变通或转换的同时，也会使英语被动句中的主语在译文中仍作主语。

例 5：

The benefit program <u>has been closed to</u> new employees.

第八章 招股说明书的翻译

福利计划<u>已不适用于</u>新雇员。

例 5 采用正反译法不仅使译文更为通顺，也使英语被动句中的主语在译文中仍作主语。

3. 译成带有"由""使""把""将""是"等字的句式

由字句、使字句、把字句（"把"有时可替换为"将"）、是字句等均是现代汉语中的特殊句式。一般情况下，英语被动句如果用 by 引出动作施动者，可以译成由字句、使字句或把字句，如果没有明确说出动作施动者，则可以译成使字句、把字句或是字句。将英语被动句译成由字句、是字句时，源文中的主语在译文中通常仍作主语；而译成使字句、把字句时，源文中的主语在译文中一般不再作主语。

例 6：
It is possible that future major projects <u>will be financed by a mixture of debt and equity</u>.
日后主要项目可能<u>由债务和股权混合筹集资金</u>。

例 7：
The 2,000,000 Employee Reserved Shares available for application by Eligible Employees <u>will be allocated to such applicants by the Hong Kong Branch Share Registrar</u>.
<u>香港股份过户登记分处将把</u>可供符合条件雇员申请的 2 000 000 股雇员预留股份<u>分配给该等申请人</u>。

例 8：
The daily closing balance per account <u>shall be checked</u> against actual cash on hand.
每日终了，（企业）<u>须将</u>每个账户的结清余额与库存现金<u>核对</u>。

例 9：
The financial records of Sheffield Inc <u>were completely destroyed by fire</u> at the end of 2020.
2020 年末<u>大火使</u>谢菲尔德有限公司的财务记录<u>完全毁灭</u>。

例 10：
<u>Companies should be made</u> to reveal more about their financial position.
<u>应使公司</u>披露更多的财务状况信息。

例 11：
Earnings per share (EPS) <u>is calculated on net income</u> available to the common stockholders.

每股收益（EPS）是根据普通股股东可获得的净收入计算的。

2.2.2 译成汉语被动句

翻译初学者将英语被动句译成汉语被动句时往往只想到用"被"字句。实际上，"被"的一个重要作用是作为介词引出动作施动者，但"叫""让""（遭）受（到）""给"等也可作为介词行使这种功能。有时汉语被动句还可在动词性成分前面用助词"给"或"所"配合介词"被"表被动（如果用助词"给"，介词还可换成"叫"或"让"；如果用助词"所"，介词还可换成"为"）。另外，有时动作施动者不知或不必说出时，"被"也能直接用在动词前面，如"债务人财产被抵押了"，这时"被"就不是介词，而是助词（邢福义，1991：338）。可见，汉语被动句虽然使用频率不高，但比较灵活多样，即便将英语被动句译成汉语被动句，也应根据具体情况，灵活使用多种表达方式，以避免译文读起来单调乏味。

例 12：

Your application, any acceptance of it and the resulting contract will be governed by and construed in accordance with the laws of Hong Kong.

阁下的申请、任何对该申请的接纳以及由此产生的合约将受香港法律管辖并按这些法律解释。

例 13：

The substitute technology should be mature and generally accepted by the industry.

替代技术应该成熟，并为业界所普遍接受。

例 14：

The schemes were disrupted by Ukraine's security service.

这些计划让乌克兰国家安全机构给打乱了。

第三节 实例精解精译

原文：[1]

Important

Important: If you have doubt about any of the contents in this prospectus, you should obtain independent professional advice.

Zhihu Inc

(A company controlled through weighted voting rights[2] and incorporated in the Cayman Islands with limited liability)

Global Offering

Number of Offer Shares under the Global Offering:	26,000,000 Sale Shares[3] (subject to the Over-allotment Option[4])
Number of Hong Kong Public Offer Shares:	2,600,000 Sale Shares (subject to reallocation)
Number of International Offer Shares:	23,400,000 Sale Shares (subject to reallocation and the Over-allotment Option)
Maximum Public Offer Price:	HK $51.80 per Offer Share plus brokerage of 1%, SFC transaction levy of 0.0027%, the Stock Exchange trading fee of 0.005% and the FRC transaction levy of 0.00015% (payable in full on application in Hong Kong dollars, subject to refund)[5]
Nominal Value:	US $0.000125 per Share
Stock Code:	2390

Hong Kong Exchanges and Clearing Limited, The Stock Exchange of Hong Kong Limited and Hong Kong Securities Clearing Company Limited[6] take no responsibility for the contents of this prospectus, make no representation as to its accuracy or completeness, and expressly disclaim any liability whatsoever for any loss howsoever arising from or in reliance upon the whole or any part of the contents of this prospectus.

A copy of this prospectus, having attached thereto the documents specified in the section headed "Documents Delivered to the Registrar of Companies in Hong Kong and on Display—Documents Delivered to the Registrar of Companies" in Appendix V, has been registered by the Registrar of Companies in Hong Kong as required by Section 342C of the Companies (Winding Up and Miscellaneous Provisions) Ordinance (Chapter 32 of the Laws of Hong Kong)[7]. The Securities and Futures Commission and the Registrar of Companies in Hong Kong take no responsibility for the contents of this prospectus or any other document referred to above.

The Public Offer Price is expected to be fixed by agreement between the Joint Global Coordinators[8] (for themselves and on behalf of the Underwriters), the Selling Shareholders[9] and the Company on the Price Determination Date. The Price Determination Date is expected to be on or around Thursday, April 14, 2022 and, in any event, not later than Sunday, April 17, 2022. The Public Offer Price will be not more than HK $51.80 unless otherwise announced. If, for any reason, the Public Offer Price is not agreed by Sunday, April 17, 2022 between the Joint Global Coordinators (for themselves and on behalf of the Underwriters), the Selling Shareholders and the Company, the Global Offering will not proceed and will lapse.

We may set the International Offer Price at a level higher than the maximum Public Offer Price if (i) the Hong Kong dollar equivalent of the closing trading price of the ADSs[10] on the NYSE[11] on the last trading day on or before the Price Determination Date (on a per-Share converted basis) were to exceed the maximum Public Offer Price as stated in this prospectus; and/or (ii) we believe that it is in the best interest of the Company as a listed company to set the International Offer Price at a level higher than the maximum Public Offer Price based on the level of interest expressed by professional and institutional investors during the bookbuilding[12] process. If the International Offer Price is set at or lower than the maximum Public Offer Price, the Public Offer Price must be set at such price which is equal to the International Offer Price. In no circumstances will the Public Offer Price be set above the maximum Public Offer Price as stated in this prospectus or the International Offer Price.

The Joint Global Coordinators (for themselves and on behalf of the Underwriters) may, with the Company and the Selling Shareholders' consent, reduce the number of Offer Shares being offered under the Global Offering at any time on or prior to the morning of the last day for lodging applications under the Hong Kong Public Offering. Further details are set out in "Structure

第八章 招股说明书的翻译

of the Global Offering" and "How to Apply for Hong Kong Offer Shares" in this prospectus.

The obligations of the Hong Kong Underwriters under the Hong Kong Underwriting Agreement to subscribe for, and to procure subscribers for, the Hong Kong Offer Shares, are subject to termination by the Joint Global Coordinators (on behalf of the Hong Kong Underwriters) if certain events shall occur prior to 8:00 a.m. on the Listing Date. Such grounds are set out in the section headed "Underwriting" in this prospectus.

The Company is controlled through weighted voting rights. Prospective investors should be aware of the potential risks of investing in a company with a WVR structure, in particular that the WVR Beneficiary, whose interests may not necessarily be aligned with those of our Shareholders as a whole, will be in a position to exert significant influence over the outcome of Shareholders' resolution. For further information about the risks associated with our WVR structure, please refer to the section headed "Risk Factors—Risks Relating to the Global Offering and the Dual Listing[13]". Prospective investors should make the decision to invest in the Company only after due and careful consideration.

The ADSs of the Company, two of which represent one Class A Ordinary Share[14], are listed for trading on the New York Stock Exchange under the symbol "ZH". The last reported sale price of the ADSs on the New York Stock Exchange on April 6, 2022 (US Eastern Time) was US$2.85 per ADS. In connection with the Global Offering, we have filed a shelf registration[15] statement on Form F-3 and a preliminary prospectus supplement and plan to file a final prospectus supplement with the SEC to register the sale of Shares under the US Securities Act.

NEITHER THE SEC NOR ANY STATE SECURITIES COMMISSION HAS APPROVED OR DISAPPROVED OF THESE SECURITIES OR DETERMINED IF THIS PROSPECTUS IS TRUTHFUL OR COMPLETE. ANY REPRESENTATION TO THE CONTRARY IS A CRIMINAL OFFENSE.

Attention

We have adopted a fully electronic application process for the Hong Kong Public Offering pursuant to Rule 12.11 of the Listing Rules. We will not provide printed copies of this prospectus or printed copies of any application forms to the public in relation to the Hong Kong Public Offering.

This prospectus is available at the website of the Stock Exchange at www.hkexnews.hk and our website at ir.zhihu.com. If you require a printed copy of this prospectus, you may download and print from the website addresses above.

注释：

1. 此为全球发售英文版招股说明书扉页的文字部分，其中载明了发行股数、每股发行价格、每股面值、重要声明等，与中国内地（大陆）招股说明书的相关部分内容大同小异，从中也可以了解英文招股说明书的语言特点。

2. weighted voting rights：加权投票权，即"同股不同权"。所谓同股不同权，就是把股票分为两类：A类，给普通股东，一股一份投票权；B类，给创始股东，一股多份投票权，一般不超过10份，创始股东通常只需持股一成，便可成功控股。这是为了维护公司创办人控制权而设立的股权架构。

3. Sale Shares：销售股，指公司原有股东在首次公开募股时转让的持股。

4. Over-allotment Option：超额配股权，俗称"绿鞋期权"（Greenshoe Option），指股票发行人允许包销商在市场需求强劲时，超额配售一定数量的股份，超额数量通常不超过原招股规模的15%。

5. 本处财经金融词汇出现得比较密集，有些还用了缩略语形式，翻译时，译者应首先将它们全部弄清楚。这里仅介绍其中一些重要词汇：

    1) SFC：指"香港证券及期货事务监察委员会"（Securities and Futures Commission），简称"香港证监会"，成立于1989年，负责监管香港的证券期货市场的运作。

    2) the Stock Exchange：指"香港联合交易所有限公司"（The Stock Exchange of Hong Kong Limited），简称"香港联交所"或"联交所"，是香港证监会所认可的交易公司，是香港交易及结算所有限公司（Hong Kong Exchanges and Clearing Limited，简称"香港交易所"或"港交所"）的全资附属公司，以在香港建立和维持股票市场为目标。

    3) the FRC：指"香港财务汇报局"（The Financial Reporting Council），简称"财汇局"，于2006年12月成立，在2021年10月更名为"会计及财务汇报局"（Accounting and Financial Reporting Council），简称"会财局"（AFRC），是香港会计行业的独立监管机构。

    4) transaction levy：交易征费。

6. Hong Kong Securities Clearing Company Limited：香港证券结算有限公司，简称"香港结算"，是港交所的全资附属公司，经营香港的证券结算及交收系统。

7. 该句的主干是 A copy of this prospectus has been registered by the Registrar of Companies in Hong Kong，其中加上 having attached... 和 as required by... 两个长短语构成较为复杂的句子。having attached... 是 -ing 分词短语作后置定语，修饰前面的名词短语，并表示 attached 的动作已经完成，可译为"在附上……之后"；该短语中 "Documents Delivered to the Registrar of Companies in Hong Kong and on Display—Documents Delivered to the Registrar of Companies" 是引用招

股说明书某部分的标题，其中用了破折号，而查阅整本招股说明书可知，这一破折号表示的意思其实是在前面标题涵盖的内容之下可以找到后面标题，故译文不能沿用这一破折号。下文中的破折号也有类似情况。as required by... 是状语短语，可译为"遵照……的规定"或"应……的要求"；该短语中有两个括号：第一个括号起补充说明作用，在译文中可以保留；第二个括号则用于解释前面所述条例的出处，翻译时可去掉括号，并将其中的内容提前。

8. Joint Global Coordinators：联席全球协调人，负责全面协调不同地区的股票发行。
9. Selling Shareholders：献售股东，指在首次公开募股中同意出让自己股权的股东。
10. ADSs：是 American Depository Shares 的缩略语，即"美国存托股"，指在美国境外注册的公司授权美国受托人在美国发行的、以美元计价的证券。根据美国法律，在美国发行普通股上市的企业注册地要在美国，非美国注册地上市公司只能采取存托股的方式进入美国证券市场。
11. NYSE：是 New York Stock Exchange 的缩略语，即"纽约证券交易所"。
12. bookbuilding：邀标定价。这是一种根据市场需求确定股票发行价格的方法，即在发行股票时邀请潜在投资人（主要是机构投资者及个别大户）表达他们的认购意愿，统计他们在各个价位愿意认购的股票数量，从而定出一个为市场接受并对发行公司有利的发行价格。
13. Dual Listing：双重挂牌，指同一家公司在两个不同的证券交易所挂牌上市融资的行为。
14. two of which represent one Class A Ordinary Share：两股美国存托股代表一股 A 类普通股。美国存托股通常按一定比例拆分或合并在美国股市进行交易。
15. shelf registration：储架注册。美国证券交易委员会（Securities and Exchange Commission，SEC）允许公司注册发行新股票后不用一次性发行全部股份，而在三年内分批发行且发行时无须重新注册，未发行的股份保留为库藏股（treasury stock），即对它们进行"储架"。非美国公司进行注册手续时通常采用表格 F-1 或表格 F-3 作为招股说明书，表格 F-3 比表格 F-1 相对简短，成本费用较低，可用于储架注册。

参考译文：

重要提示

重要提示：阁下如对本招股说明书的任何内容有疑问，应当获取独立的专业意见。

知乎

（于开曼群岛注册成立的以同股不同权机制控制的有限责任公司）

全球发售

全球发售的发售股份数目：	26 000 000 股销售股（视超额配股权行使与否而定）
香港公开发售股份数目：	2 600 000 股销售股（可调整）
国际发售股份数目：	23 400 000 股销售股（可调整并视超额配股权行使与否而定）
最高公开发售价：	每股发售股份 51.80 港元，另加 1% 经纪佣金、0.0027% 证监会交易征费、0.005% 香港联交所交易费及 0.00015% 财汇局交易征费（须于申请时以港元缴足，可退还）
面值：	每股股份 0.000125 美元
股份代号：	2390

香港交易及结算所有限公司、香港联合交易所有限公司及香港中央结算有限公司对本招股说明书的内容概不负责，对其准确性或完整性亦不发表任何声明，并表明不会就因本招股说明书全部或任何部分内容而产生或因依赖该等内容而引致的任何损失承担任何责任。

本招股说明书的副本，在附上附录五标题为"送呈香港公司注册处并展示文件"一节下"送呈公司注册处文件"中明确规定的文件之后，已遵照《香港法例》第 32 章《公司（清盘及杂项条款）条例》第 342C 条的规定，送呈香港公司注册处登记。香港证券及期货事务监察委员会（香港证监会）与香港公司注册处对本招股说明书或上述任何其他文件的内容概不负责。

公开发售价预期由联席全球协调人（以自身名义并代表包销商）、献售股东和本公司于定价日协定。定价日预期为 2022 年 4 月 14 日（星期四）或前后，且在任何情况下不迟于 2022 年 4 月 17 日（星期日）。除非另作公布，公开发售价将不会超过每股发售股份 51.80 港元。若联席全球协调人（以自身名义并代表包销商）、献售股东和本公司基于任何理由未于 2022 年 4 月 17 日（星期日）前协定公开发售价，则全球发售将不会继续，并将告终止。

若出现以下情况，我们可将国际发售价定在高于最高公开发售价的水平：（1）在定价日当天或定价日之前的最后一个交易日，在纽约证券交易所的美国存托股收盘价的港元等值数（按每股折算）超过本招股说明书所述的最高公开发售价；且/或（2）基于邀标定价过程中专业及机构投资者所表达的投资兴趣，我们认为将国际发售价定在高于最高公开发售价的水平最符合本公司作为上市公司的利益。若国际发售价定为等于最高公开发售价或低于最高公开发售价，则公开发售价须定为等于国际发售价。在任何情况下，公开发售价将不得定为高于本招股说明书所述的最高公开发售价或高于国际发售价。

联席全球协调人（以自身名义并代表包销商）可经本公司和献售股东同意后，在递交香港公开发售申请的截止日上午或之前，随时调减全球发售的发售股份数目。更多详情载于本招股说明书中的"全球发售的架构"和"如何申请香港发售股份"。

若上市日当天上午 8 点之前发生一些特定事件，则联席全球协调人（以自身名义

第八章　招股说明书的翻译

并代表包销商）可终止香港包销商根据香港包销协议认购及促成认购者认购香港发售股份的责任。该等终止依据载于本招股说明书中的标题为"包销"这一节。

本公司以同股不同权机制控制。有意投资者应认识到投资于同股不同权架构的公司所潜在的风险，尤其应认识到，同股不同权的受益人将对股东决议的结果有着重要影响，但其利益跟我们全体股东的利益可能并不一致。欲知更多跟我们同股不同权架构有关的风险信息，请参阅标题为"风险因素"一节下的"与全球发售和双重挂牌有关的风险"。有意投资者应仅在深思熟虑之后决定投资于本公司。

本公司的美国存托股在纽约证券交易所上市交易，股票代码"ZH"，两股美国存托股代表一股 A 类普通股。2022 年 4 月 6 日（美国东部时间）在纽约证券交易所最后报告的美国存托股销售价格为每股 2.85 美元。针对全球发售，我们递交了表格 F-3 储架注册声明和初步招股说明书补编，并计划根据美国《证券法案》向美国证券交易委员会提交终版招股说明书补编，以对股份销售进行注册。

美国证券交易委员会以及任何州证券委员会均未批准或否定这些证券，亦未确定本招股说明书的真实性或完整性。任何与此相反的陈述都是犯罪行为。

重要通知

根据《上市规则》第 12.11 条，我们已就香港公开发售采取全电子化申请程序。我们不会就香港公开发售向公众提供本招股说明书的印刷本或任何申请表格的印刷本。

本招股说明书可在联交所网站 www.hkexnews.hk 以及我们的网站 ir.zhihu.com 查阅。若阁下需要本招股说明书的印刷本，可在上述网址下载后打印。

练习题

一、将下列招股说明书中常见的财经金融词汇翻译成汉语。

1. Joint Sponsors
2. Joint Bookrunners
3. Joint Lead Managers
4. issued and outstanding shares
5. outstanding debts
6. dividend policy
7. working capital
8. penny stock
9. private placement
10. cash dividends

商务翻译实用教程
Business Translation: A Practical Course

二、翻译下列句子，注意被动语态的译法。

1. The Prospectus may not be forwarded or distributed or reproduced (in whole or in part) in any manner whatsoever in any jurisdiction where such forwarding, distribution or reproduction is not permitted under the law of that jurisdiction.
2. If your application has been accepted, it cannot be revoked.
3. For this purpose, acceptance of applications which are not rejected will be constituted by notification in the press of the results of allocation.
4. Banker's cashier order must be issued by a licensed bank in Hong Kong, and have your name certified on the back by a person authorized by the bank.
5. Fees are calculated on a sliding scale according to income.

三、将下列英文段落翻译成汉语。

The Underwriters will receive an underwriting commission of 1.23% of the aggregate Offer Price of all the Offer Shares (including any Offer Shares to be issued pursuant to the exercise of the Over-allotment Option), out of which they will pay any sub-underwriting commissions and other fees.

The Underwriters may receive a discretionary incentive fee[1] of up to 0.5% of the aggregate Offer Price of all the Offer Shares (including any Offer Shares to be issued pursuant to the exercise of the Over-allotment Option).

For any unsubscribed Hong Kong Offer Shares reallocated to the International Offering[2], the underwriting commission will not be paid to the Hong Kong Underwriters but will instead be paid, at the rate applicable to the International Offering, to the relevant International Underwriters.

The aggregate underwriting commissions payable to the Underwriters in relation to the Global Offering [assuming an Offer Price of HK$20.45 per Offer Share (which is the mid-point of the Offer Price range), the full payment of the discretionary incentive fee and the exercise of the Over-allotment Option in full][3] will be approximately HK$223.8 million.

The aggregate underwriting commissions and fees together with the Hong Kong Stock Exchange listing fees, the SFC transaction levy and the Hong Kong Stock Exchange trading fee, legal and other professional fees and printing and all other expenses relating to the Global Offering are estimated to be approximately RMB206.8 million (assuming an Offer Price of HK$20.45 per Offer Share (which is the mid-point of the Offer Price range), the Over-allotment Option is not exercised at all and the full payment of the discretionary incentive fee) and will be paid by our Company.

第八章　招股说明书的翻译

注释：

1. discretionary incentive fee：酌情激励费。
2. For any unsubscribed Hong Kong Offer Shares reallocated to the International Offering：介词 for 通常译为"对……来说""就……而言"等，但这里若译为"就重新分配至国际发售的任何未获认购的香港发售股份而言"，句子会显得非常别扭。这里根据上下文，我们可以将该短语中后置定语 reallocated to the International Offering 的内容理解为一种条件。
3. 本句括号中又套入了一个括号，括号里的内容均为插入语。汉语虽然也有插入语，但通常不宜过长，尤其在使用括号的时候。因此，本句的括号不应照搬到译文中，我们可以将括号里的内容总体上处理为表假设关系的分句，将其中套入的插入语处理为同位语。

单元知识检测

第九章
上市公司年报的翻译

第一节

基本常识

1.1 上市公司年报的定义

如果说招股说明书是申请上市的公司首次公开募股时需要披露的文件，能够全面反映公司成立以来的各种信息，主要面向有意认购首次公开发行新股的投资者，那么上市公司年报（annual report）则是公司上市后需要披露的定期报告，主要面向股东。

各证券交易所及相关监管机构都会要求已上市的公司每年定期刊发年报。年报是上市公司信息披露制度的核心，旨在向股东报告过去一年的生产经营、财务状况等信息，同时促进同业之间的比较。在某种意义上，年报也是一种展示公司形象的宣传渠道，因为大多数投资者往往将年报作为投资决策的重要依据，他们通过阅读和分析年报披露的信息，可以进一步了解相关公司。

1.2 上市公司年报的基本内容

上市公司年报的编制须以各个国家或地区证券市场监管机构制定的有关规范为依据。这里不妨简单介绍一下美国、中国香港和内地的上市公司年报，以从整体上了解上市公司年报的基本内容。

在美国，上市公司向股东发布的年报主要包括 general corporate information（公司简介）、operating and financial highlights（经营和财务大事记）、letter to the shareholders from the CEO（CEO 致股东信）、narrative text, graphics, and photos（叙事文本、图表和照片）、management discussion and analysis（MD&A）（管理层讨论及分析）、financial statements, including balance sheet, income statement, and cash flow statement（财务报表，包括资产负债表、收益表和现金流量表）、notes to the financial statements（财务报表附注）、auditor's report（审计报告）、summary of financial data（财务数据汇总）、accounting policies（会计政策）等。另外，美国证券交易委员会（US Securities and Exchange Commissions，SEC）还要求上市公司定期提交包含更为详尽信息的表格 10-K。上市公司有时会用表格 10-K 代替向股东发布的年报，或者向股东同时提供这两个版本的年报。

在中国香港，上市公司年报主要包括主席报告（chairman's statement）、业务回顾及展望（business review and outlook）、管理层讨论及分析（management discussion and analysis，MD&A）、董事会报告（directors' report）、董事及高级管理人员简介（directors and senior management profile）、财务报表，包括资产负债表、损益表、现金流量表和（合并）权益变动表 [financial statements, including balance sheet, profit & loss account, cash flow statement, and (consolidated) statements of changes in equity]、财务报表附注，包括重大会计政策（notes to the financial statements, including significant accounting policies）等。

根据内地的现行年报披露要求[1]，上市公司年报可在正文前刊载致投资者信（letter to the shareholders）等，而正文则包括重要提示、目录和释义（important tips, directories, and definitions）、公司简介和主要财务指标（general corporate information and main financial indicators）、管理层讨论与分析（management discussion and analysis，MD&A）、公司治理（corporate governance）、环境和社会责任（environmental and social responsibility）、重要事项（material particulars）、股份变动及股东情况（changes in equity and shareholders situation）、优先股相关情况（related information on preference shares）、债券相关情况（related information on bonds）、财务报告，包括审计报告正文和经审计的财务报表（financial report, including audit report and audited financial statements）等。

一份年报通常多达一百多页乃至几百页，不同国家或地区的上市公司年报在结构、格式等方面会存在一些差异，但它们的基本内容大同小异。从上面的介绍可知，上市公司年报的基本内容一般主要分为非财务信息与财务信息两大部分。非财务信息是如公司简介、管理层讨论与分析等与生产经营活动有着直接或间接联系的各种非财务资料，可以帮助投资者整体了解公司的经营管理等情况；财务信息通常属于强制性披露信息，主要表现为以资产负债表、收益表（损益表）、现金流量表等财务报表展示的会计数据和财务指标，是投资者对公司的经营状况进行定量分析的基础。非财务信息和财务信息相辅相成，使投资者得以充分掌握上市公司的生产经营、财务状况等信息。

---

1 参见中国证监会公告 [2021]15 号《公开发行证券的公司信息披露内容与格式准则第 2 号——年度报告的内容与格式（2021 年修订）》。

第二节

翻译方法与技巧

2.1 上市公司年报的特点

上市公司年报的主要功能是让现有股东了解公司的经营管理、财务数据、业务风险等信息,促进同业之间的比较,并为潜在投资者提供可靠的投资根据,但在某种意义上也是作为一种展示公司形象的宣传渠道。总体而言,其有以下特点。

2.1.1 包含多种文本类型

上市公司年报通常包含多个自成一体的章节,不同的章节可能属于不同的文本类型,并发挥着不同的作用,或完全用于披露信息,或在披露信息的同时致力于提升公司的正面形象,可以说是一种由信息性、说服性等元素混合组成的文体。一般来说,其中的致股东信、公司简介、业务回顾及展望等章节通常是表情型或感染型文本,以说服性元素居多,大都充满乐观情绪;属于强制性披露信息的财务报表则是信息型文本,基本全由信息性元素组成,给人一种客观、中立、专业的印象。

2.1.2 注重版面设计和语言运用

为吸引读者注意力,达到宣传目的,很多上市公司年报比较注重版面设计,整体上图文并茂,令人赏心悦目。因此,其中不难见到彩色的柱状图、饼状图等统计图表,相关产品的图画,以及大量的服务、业务活动等照片,这样不仅能对文字内容进行辅助说明,还使年报看起来比较美观。还有些年报会收录一些公司员工的漂亮照片、专门用以宣传公司的图画或照片等,这也在一定程度上增加了一种亲和感。

除用精美的版面吸引读者注意力外,年报的部分章节在语言运用上也尽显心思,以增强可读性,加深读者印象,维护公司的正面形象。这些属于表情型或感染型文本的章节通常不仅辞藻比较华丽,还大量使用褒义词。即便在公司财务状况不好的年份,褒义词在年报中出现的频率也多于贬义词,从而把造成不好状况的原因引向不利的经济环境或其他外部因素,让投资者更多地关注公司积极进取的一面。另外,为方面读者查阅相关信息,年报通常会在不同的章节或段落加上醒目的标题,而有些标题不只是提炼和概括相关内容,更是试图给读者留下深刻印象,起到一定的广告作用。例如,某巴士公司曾在年报中用"Leading the way"（路路领先）作为某部分的标题，既表明公司业绩超越同行，又暗示其所从事的陆路运输业务，一语双关，令人称叹。

2.1.3 本质上仍是信息型文本

上市公司年报虽然也有一定的广告作用，但不同于其他以广告宣传为主要功能的文体，本质上仍是信息型文本，尤其是财务信息部分，必须保证数据真实、准确、完整，本身很难带有宣传色彩。即便有些章节在版面设计和语言运用上尽显心思，以塑造或提升公司的正面形象，但也受到很多限制，不得刊登任何祝贺性、恭维性或推荐性的词句、题字或照片，更不得含有夸大、欺诈、误导或内容不准确、不客观的词句。

根据上述特点，结合前面几章所学的知识，我们应该知道，在翻译上市公司年报时，需要在不同章节采取不同的翻译策略，以适应其所属的文本类型。对于属于表情型或感染型文本的章节，翻译时可以参考第五章有关修辞手法的翻译，并采取适当的方法进行灵活变通，以使一些文字优美得体，传达源文的美学艺术形式，或使读者产生预期的反应。

由于上市公司年报本质上仍是信息型文本，翻译时，译者还是要以传达源文指称的内容为重心，尤其要准确翻译其中展现公司业绩的数据。这就涉及英汉两种语言的数量表达方式问题，下面将重点讨论相关的译法。

2.2 数量表达的译法

英汉两种语言均有约定俗成的数量表达方式，这些表达方式在很多方面存在着较大差异，翻译时，译者应该谨慎对待。数量表达包括很多方面，就翻译上市公司年报以及大多数商务文本而言，主要涉及数量总额、数量增减、百分数、倍数与分数、概数、大位数字等。

2.2.1 数量总额

英语常用 be 动词以及 reach、total、hit、add up to、amount to、come to、remain at、stand at 等表示数量总额，相当于汉语的"总计""共计""达到""高达""维持在"等；若用 outnumber、surpass、top 等，则表示数量总额"超过""多于"等含义。

例 1：
Last year, the number hit $31 billion.
去年，这个数字达到 310 亿美元。

例 2：
Worldwide sales look set to top $1 billion.
全球销售额看来很可能要超过 10 亿美元。

2.2.2 数量增减

表示数量增减主要涉及增加、减少、同比/环比等，英语的相关词汇比汉语相对更为丰富，下面分别举例说明，并探讨相关表达的通常译法。

1. 表示增加

英语中表示增加常用 increase、rise 以及这两个词作名词用时构成的词组，如 an increase of、on the increase、a rise of、on the rise 等，也可用 grow、gain、expand、up、go up、higher (than) 等，汉语通常用"增加""增长""上升""上涨"等与之对应。另有些词可以表示增加的速度或幅度，如 edge up、climb、mount、ascend、jump、leap、surge、soar、rocket、skyrocket、shoot up 等，翻译时，译者可根据具体语境添上"略微""稍稍""逐步""迅速""大幅"等表示速度或幅度的修饰语，有时也可用"略增""略涨""暴涨""猛增""激增""跃升""飙升"等词。

例3：

Actual foreign direct investment <u>rose</u> by 24.2% to $4.58 billion in the first two months of this year while contracted FDI <u>shot up</u> by 47.1% in the same period.

今年前两个月，实际外商直接投资额<u>上升</u>了24.2%，达到45.8亿美元，同期合同外商直接投资额<u>激增</u>47.1%。

例4：

The crude import bill, however, rose far more sharply, <u>jumping</u> by 24.29% to $15.71 billion versus $12.64 billion a year earlier.

但原油进口账单增加的幅度更大，<u>跃升</u>了24.29%，达到157.1亿美元，而一年前为126.4亿美元。

2. 表示减少

英语中表示减少常用 decrease、fall、drop、reduce、decline、go down、cut、contract、lower (than)、slash、shrink 等，汉语常用"减少""缩减""下降""下滑""下跌""降低"等与这些词对应。表示减少的速度较慢或幅度较小还常用 edge down、slide、dwindle、dip、slip 等，而表示迅速或大幅度减少则常用 plummet、plunge、slump、tumble 等，翻译时，译者可根据具体语境添上"缓慢""逐渐""一路""略微""稍微""迅速""大幅"等表示速度或幅度的修饰语，有时也可用"微降""略降""锐减""暴跌""骤降"等词。

例5：

They predicted that unemployment—already 9.7 percent, higher than at any time since the early 1980s—will probably peak above 10 percent before it begins to <u>edge down slowly</u> next year.

失业率已经达到9.7%，高于20世纪80年代早期以来的任何时候，他们预测将可能达到10%以上的顶峰，到明年才开始<u>缓慢下降</u>。

例6：

Profits <u>slumped</u> by over 50%.

利润<u>锐减</u> 50%以上。

3. 同比/环比的表达

增减意味着数字比较，而在数字比较中，同比和环比又是两个比较重要的概念。所谓同比，是指本期与上年同期对比，如本期6月对比上一年6月，本期9月对比上一年9月等。所谓环比，是指本期与上期对比，分为日环比、周环比、月环比、年环比等，如2023年9月份与2023年8月份相比较。换句话说，同比周期是一年，环比周期则可以是日、周、月、年等。计算公式为：同比增长（下降）率 =（本期值 − 上一年同期值）/ 去年同期值 ×100%；环比增长（下降）率 =（本期值 − 上期值）/ 上期值 ×100%。

英语中"同比"的表达方式比较灵活，如 on a year-on-year basis、on a yearly basis、year on year、compared to/with the same period last year、over (the same period of) the previous year、from a year earlier / last year 等，只要体现出本期与上年同期对比即可。

例7：

The first quarter of 2021 saw surging complaints about the tutoring industry, with the total number of complaints filed by consumers via the online service platform topping 47,100, <u>up 65% from a year earlier</u>.

2021年第一季度有关教育培训行业的投诉激增，消费者通过在线平台发起的投诉超过4.71万件，<u>同比增长65%</u>。

例8：

Single-family housing starts numbered about 78,200 by the end of March, <u>a drop of more than 50% compared with the same period last year</u>.

截至3月底，独栋房屋开工共计约7.82万套，<u>同比下降超过50%</u>。

"环比"的英文表达方式也多种多样，如 day on day、week on week、month on month、quarter on quarter 等，另外还有其他表达方式，只要体现出逐期比较即可。

例9：

German retail sales <u>jumped 2.9 percent month on month</u> in January, smashing a forecast for 0.4 percent growth in a Bloomberg poll.

德国零售额1月份<u>环比激增2.9%</u>，打破了彭博调查作出的0.4%增长率的预测。

例 10：

As shown in this chart, the banking industry reported net income of $70.8 billion in the second quarter, down $9.0 billion (or 11.3 percent) from the prior quarter.

如图所示，银行业第二季度公布的净利润为 708 亿美元，环比下降了 90 亿美元（或 11.3%）。（此处表达的是季度环比。）

例 11：

In Singapore, industrial output rose by 24.3% in April alone. The 12-month rate of increase leapt to 51%.

在新加坡，工业产量4月份环比增长24.3%，同比猛增51%。（第一句中的 in April alone 是跟 3 月份产量的"环比"，而第二句中的 12 个月增长率即周期为一年的"同比"。）

2.2.3 百分数

如上述一些例子所示，表示数量增减通常要用百分数。英语中使用百分数表示数量增减的句式比较丰富，常见的有：用 n% + 比较级形容词 + than...（如 10% higher than...）、表示增减的词语 + by n%（如 slump by 50%）、a + n% + increase/decrease（如 a 4.5% increase）等表示净增减；用 n% + 名词/代词 + (of)... 等（如 2.1% that of...）表示包括基数在内的增减；用表示增减的动词 + (from n%) to + n% 等（如 slide from 45% to 35%）表示增减后的结果。汉语一般采取的句式无外乎是：表示增减的词语 + n%、较……+表示增减的词语 + n%、是……的 n%、增至/减至 n% 等，翻译时，译者可根据具体意思选用其中某个句式进行对译。

英文年报中的百分数在翻译时一般均采用"阿拉伯数字 + %"的表达方式，当然，有时还应照顾客户的偏好。有少部分公司倾向于用汉字来表述百分数，如"百分之二点九"等；还有些公司喜欢采用"……成"来表示百分数。不过应该注意的是，后一种表达方式只适用于由两位整数组成的百分数（如"10%"即"一成"，"45%"即"四成半"，"68%"即"六成八"等），如果百分数中只有一位数或带有小数，就不能这样表达了。

值得一提的是，英文年报内还偶尔会出现负百分数，这时译者除了可以照录源文负数的写法外，必要时还可用"负盈利""负增长"等委婉语进行处理，以减轻负数数值对投资者的心理冲击。

例 12：

Despite an in-line revenue, CLP's net profit of HK$12.7 billion (EPS: HK$5.03, –19% YoY) is 5% above our forecast.

尽管收入与预期一致，中电 127 亿港元的净利润（每股收益：5.03 港元，同比负增长 19%）还是比我们预测的高出 5%。

2.2.4 倍数与分数

表示数量增减除通常用百分数外,有时还会用倍数与分数,但这种表达方式在英汉两种语言中存在着较大差异,翻译时,译者务必将具体意义弄清楚,否则很容易出错。这些差异主要体现在两点:第一,英语倍数的表达方式多种多样,但这些表达方式在意义上有一个共同点,那就是倍数都把基数包括在内,汉语倍数的表达方式虽然不是很多,但在意义上却比英语复杂,有的表示倍数包括基数,有的则表示倍数不包括基数;第二,英语不管增减都可用倍数表示,而汉语则是用倍数表示增加,用分数表示减少,并且汉语分数的表达方式在意义上也区分是否包含基数。基于对这两点差异的认识,下面我们分别讨论表示增加和表示减少时英语倍数的理解与翻译。

1. 表示增加时英语倍数的理解与翻译

表示增加时,英语倍数的表达方式一般有:n + times + 表增加的形容词 / 副词比较级 + than;n + times + as + 表增加的形容词 / 副词原级 + as;n + times + the(或 that of、its 等)+ 名词词组;increase、rise、grow、gain、expand、multiply 等 + (by) n + times;increase、rise、grow、gain、expand、multiply 等 + by a factor of + n;动词 double、treble/triple、quadruple 等 + the(或 that of、its 等)+ 名词词组;等等。这些表达方式都把基数包括在内。

汉语倍数的表达方式一般有:甲是乙的 n 倍(包括基数)、甲 n 倍于乙(包括基数)、甲增加到 / 至乙的 n 倍(包括基数)、甲比乙 + 表增加的形容词(+ 出 / 了)或表增加的动词(+ 了)+ n 倍(不包括基数)等。另外,汉语还可以用"翻番"来表达倍数,翻 n 番就是成为原来的 2 的 n 次方倍(包括基数),如翻一番就是成为原来的 2 倍,翻两番就是原来的 4 倍,翻三番就是增加至原来的 8 倍等。

汉语倍数的表达方式在意义上是否表示倍数包括基数,一般可以这样理解:如果表达增加的结果,就包括基数;如果表达增加的过程,则不包括基数。翻译英语倍数时,如果采用倍数不包括基数的表达方式,应在英语倍数的基础上减去 1,即汉语倍数变为 n–1 倍。表 9–1 是表示增加时英语倍数的表达方式及对应的汉语表达方式:

表 9–1　表示增加时倍数的中英文表达方式

英语倍数的表达方式	对应的汉语表达方式
n + times + 表增加的形容词 / 副词比较级 + than n + times + as + 表增加的形容词 / 副词原级 + as n + times + the(或 that of、its 等)+ 名词词组	甲是乙的 n 倍、甲 n 倍于乙、甲比乙增加了 n–1 倍等
increase、rise、grow、gain、expand、multiply 等 + (by) n + times increase、rise、grow、gain、expand、multiply 等 + by a factor of + n	甲增加到 / 至乙的 n 倍、甲比乙增加了 n–1 倍等
动词 double + the(或 that of、its 等)+ 名词词组	甲是乙的两倍、甲比乙增加了一倍、甲比乙翻了一番等
动词 treble/triple + the(或 that of、its 等)+ 名词词组	甲是乙的三倍、甲比乙增加了两倍等

动词 quadruple + the（或 that of、its 等）+ 名词词组	甲是乙的四倍、甲比乙增加了三倍、甲比乙翻了两番等

2. 表示减少时英语倍数的理解与翻译

表示减少时，英语仍可用倍数，一般采用以下表达方式：n + times + 表减少的形容词 / 副词比较级 + than；n + times + as + 表减少的形容词 / 副词原级 + as；decrease、fall、drop、reduce、go down、contract 等 + (by) n + times；decrease、fall、drop、reduce、go down、contract 等 + by a factor of + n；等等。它们也都把基数包括在内。

由于汉语在传统上只有"倍增"和"递减"的概念，英语的"倍减"不能沿用到汉语中。汉语表示"递减"的表达方式一般有：甲是乙的几分之几（包括基数）、甲减少到 / 至乙的几分之几（包括基数）、甲比乙 + 表减少的形容词（+ 出 / 了）或表减少的动词（+ 了）+ 几分之几（不包括基数）等。这些表达方式一般可以这样理解：如果表达减少的结果，亦即最后剩余的数量，就包括基数；如果表达减少的过程，亦即净减数，则不包括基数。

把表示减少的英语倍数转换为汉语表示递减的分数时，我们通常可以按照这样的公式进行处理：若要表达最后剩余的数量，就译为"减少到 1/n"；若要表达净减数，就译为"减少（了）n–1/n"。例如，英语中的 n times smaller than、n times as small as、decrease (by) n times/n-fold、decrease by a factor of n 等，对应的汉语表达方式"甲是乙的 n 分之一""甲减少到 / 至乙的 n 分之一"等就是表达最后剩余的数量，而"甲比乙小 / 少（了）n–1/n""甲比乙减少（了）n–1/n"等则是表达净减数。

下面列举两个英语倍数翻译的例子，每个例子均有多个译文，以供学习参考。

例 13：

The company's third quarter revenues of $5 million were <u>ten times higher than</u> last year's.

译文一：公司第三季度收入为 500 万美元，<u>比去年收入高（出）九倍</u>。
译文二：公司第三季度收入为 500 万美元，<u>是去年收入的十倍</u>。

例 14：

The output of this year is <u>3 times less than that of last year</u>.

译文一：今年的产量<u>减少到去年的三分之一</u>。
译文二：今年的产量<u>是去年的三分之一</u>。
译文三：今年的产量<u>比去年减少（了）三分之二</u>。

2.2.5 概数

概数通常表达数量大约、少于、多于、介于等某（两）个特定数字。上市公司年报中使用概数，在大部分情况下是由于无法知道或没必要说出确切的数字，但有时则是为了淡化具体数字可能带来的负面影响。

概数的表达方式比较常见，在英汉两种语言中差异不大，翻译起来也比较容易做到对等。但需要注意的是，鉴于上市公司年报的某些特点，翻译其中的某些概数时，译者应先揣摩该数量本意是想强调偏高的一面还是偏低的一面，再根据具体情况进行表达，以更利于维护公司的正面形象。

例 15：
Zhang Feng has more than 20 years of experience in the smartphone and telecommunications industry.
张峰在智能手机及通信行业拥有20余年之久的经验。

本例来自某上市公司年报中的高层管理人员简介，more than 20 years 本意是想强调张峰工作经验丰富，故译作"20余年之久"，如果译作"20多年"，虽然能够传达基本意思，但在暗示公司有着强大而专业的高层管理人员团队方面有所缺乏。

例 16：
Operating costs were well-contained with an increase of less than 2.1% to $3,759 million.
运营成本为37.59亿美元，上升不到2.1%，得到了很好的控制。

从 well-contained 一词可以看出，公司在节流方面是有所成就的，这里 less than 2.1% 本意是想强调运营成本上升幅度小，故译为"不到2.1%"可更好地传达源文的语用意义。

2.2.6 大位数字

上市公司年报中还经常出现百万或以上的大位数字，英语一般用阿拉伯数字加上 million、billion、trillion、quadrillion、quintillion 等计数单位表示这类数字。值得注意的是，对 billion 以上计数单位的理解，存在着英式计数制度和美式计数制度的巨大差异。英式计数制度称为 British System 或 Million System，从 million 之后各计数单位以每六位为一个数级，在英、德等地通行；美式计数制度称为 Continental System 或 Thousand System，从 million 之后各计数单位仍然以每三位为一个数级，在美、法等地通行。表 9-2 是两种计数制度的对比：

表 9-2　英式计数制度和美式计数制度对比

英语计数单位	英式计数制度	美式计数制度
billion	10^{12}（万亿）	10^{9}（十亿）
trillion	10^{18}（百万兆）	10^{12}（兆；万亿）
quadrillion	10^{24}（百万的四次方）	10^{15}（千兆）
quintillion	10^{30}（百万的五次方）	10^{18}（百万兆）

如果没有特别说明，我们一般按照美式计数制度进行理解和翻译。另外，汉语的

第九章 上市公司年报的翻译

大位数字通常以万、亿（万万）、兆（万亿）等为计数单位，而这些计数单位以每四位为一个数级，跟美式计数制度的差异较大，因此，在涉及大位数字的英汉转换时，译者一般应通过移位进行处理。例如，将 125 million 译为"1.25 亿"，180.94 billion 译为"1 809.4 亿"，等等。需要指出的是，在我国港台地区，不时会出现诸如"125 百万""180.94 十亿"等表达方式，这种表达方式不自觉地采用了美式计数制度，虽然对翻译来说非常省事，但目前还不能为我国内地（大陆）的读者所接受。

第三节 实例精解精译

原文：

Overall Performance

2022 was full of challenges, the global economy and industry development was impacted by a variety of factors. According to the International Monetary Fund (IMF), global economic growth declined to 3.4% in 2022 from 6.2% in 2021. However, amid the challenging macro environment, each of our business segments remained resilient. In 2022, our total revenue amounted to RMB 280.0 billion; our adjusted net profit[1] was RMB 8.5 billion, which included RMB 3.1 billion in expenses related to our smart Electric Vehicle (EV) and other new initiatives.

We remain committed to our core "Smartphone × AIoT[2]" strategy. According to Canalys[3], global smartphone shipments in 2022 hit a historical nine-year low, declining 11.7% year-over-year. However, we demonstrated resilience amid the market downturn. In 2022, our global smartphone shipments reached 150.5 million units. According to Canalys, we maintained our No. 3 global smartphone shipment ranking with 12.8% market share. Meanwhile, our global smartphone user base reached a new record high. In December 2022, our monthly active users (MAU) of MIUI[4] reached 582.1 million globally, an increase of 14.4% year-over-year. As of[5] December 31, 2022, the number of connected IoT devices (excluding smartphones, tablets and laptops) on our AIoT platform reached 589.4 million, up 35.8% year-over-year.

After three years of relentless execution of our smartphone premiumization[6] strategy, we have achieved substantial progress. In July and August 2022, we unveiled our premium smartphone models *Xiaomi 12S Ultra* and *Xiaomi MIX Fold 2* in mainland China. Both models have successfully maintained their prices throughout their life cycles. Furthermore, we launched the *Xiaomi 13* Series of premium smartphones in mainland China in December 2022. To date, these three consecutive premium products have earned a strongly positive reputation among users.

In 2022, despite the fluctuations in the broader macro environment and geopolitical disruptions, the global presence we have established over the past years have helped us to effectively insulate our business against single market risks. In 2022, our revenue from overseas markets reached RMB137.8 billion and accounted for 49.2% of our total revenue. According to Canalys, our market share of smartphone shipments in 2022 ranked among the top three in 54 countries and regions and among the top five in 69 countries and regions globally; our market share of smartphone shipments through carrier[7] channels in 2022 ranked among the top three in 38 overseas markets.

We have taken steadfast actions to invest in our future. In 2022, our research and development expenses reached RMB 16.0 billion, a compound annual growth rate (CAGR)[8] of 38.4% between 2017 and 2022. We will continue this approach and will invest over RMB 100 billion in research and development over the five-year period beginning in 2022 through 2026. At the same time, we are actively enriching our talents. As of December 31, 2022, our research and development personnel accounted for approximately 50% of our total headcount. Additionally, we released our first white paper on intellectual property rights in December 2022, which highlights our intellectual property achievements and technological innovation capabilities. As of December 31, 2022, we have obtained more than 30,000 patents worldwide, covering more than 60 countries and regions. In addition[9], we released several exciting new technology advancements[10] in February 2023, including 300W wired fast charging technology, solid-state battery technology and *Xiaomi Wireless AR*[11] *Glass Discovery Edition*. We will continue to explore self-developed technologies while striving to create and innovate.

注释：

1. adjusted net profit：经调整后净利润，即将一些一次性、非经常性、跟主营收入和支出无关的支出或收入剔除后的净利润，这些支出或收入包括上市产生的费用、收购其他公司导致的无形资产减值和商誉减值、股权激励支出、投资收益等。
2. AIoT：人工智能物联网，指将人工智能（AI）和物联网（IoT）技术相结合，以实现更智能、更高效的物联网应用系统。
3. Canalys：全球著名的科技产业市场独立分析机构，中文译名为"科纳仕"。
4. MIUI：小米公司旗下基于 Android 系统深度优化、定制、开发的第三方手机操作系统，中文名称为"米柚"。

5. as of：该词组通常有三种意思：自……起（相当于 as from）；在……时候；截至……，翻译时，译者应结合具体上下文进行理解。
6. premiumization：高端化。该词由 premium 的形容词意思"优质的；高端的"演化而来。
7. carrier：通信公司（a company that provides a telephone or Internet service），这里可以理解为"运营商"。
8. compound annual growth rate (CAGR)：复合年均增长率，指在特定时期内的年度增长率。年度增长率是一个短期的概念，可能某个年度受某种因素影响变化很大，而复合年均增长率更能说明增长或变迁的潜力和预期。
9. 这里 In addition 和 Additionally 相隔较近，如果都译为"另外""此外"之类的词语，汉语行文会显得有些别扭，应考虑将其中一个用别的方式表达类似的意思。
10. released several exciting new technology advancements：这里的 release 和 advancements 如果照字面直译，可能会造成汉语的搭配不当，译者应根据具体情况灵活变通。
11. AR：增强现实（Augmented Reality），是一种将虚拟信息与真实世界巧妙融合的技术，广泛运用了多媒体、三维建模、实时跟踪及注册、智能交互、传感等多种技术手段，将计算机生成的文字、图像、三维模型、音乐、视频等虚拟信息模拟仿真后，应用到真实世界中，实现对真实世界的"增强"。这一术语可以采用源文照抄式的移译法。

参考译文：

整体表现

2022 年是充满挑战的一年，多种因素影响着全球经济与产业的发展。根据国际货币基金组织的统计，全球经济增长从 2021 年的 6.2% 放缓至 2022 年的 3.4%。然而，面对复杂困难的宏观环境，我们的各项业务仍保持生机活力。2022 年，我们的总收入达到人民币 2 800 亿元，经调整后净利润为人民币 85 亿元，其中调整包括智能电动汽车以及其他创新业务的开支人民币 31 亿元。

我们坚持"智能手机 × 人工智能物联网（AIoT）"的核心战略。根据 Canalys 数据，2022 年全球智能手机出货量同比下跌 11.7%，为 9 年以来的最低值。然而，我们却在市场低迷时彰显了韧性，2022 年我们的全球智能手机出货量达到 1.505 亿部。根据 Canalys 数据，我们在全球智能手机出货量排名中稳居第三，市场占有率达到 12.8%。同时，我们的全球智能手机用户规模再创新高。2022 年 12 月，全球 MIUI 月活跃用户数达到 5.821 亿，同比增长 14.4%。截至 2022 年 12 月 31 日，我们 AIoT 平台连接的 IoT 设备（不包括智能手机、平板及笔记本电脑）数达到 5.894 亿，同比增长 35.8%。

我们坚定不移地执行智能手机高端化战略，历经三年后，取得了长足进步。2022 年 7 月和 8 月，我们在中国大陆分别发布高端机型 Xiaomi 12S Ultra 和 Xiaomi MIX

第九章　上市公司年报的翻译

Fold 2。两款机型均成功地在生命周期内保持价格稳定。此外，我们还于 2022 年 12 月在中国大陆发布高端机型 Xiaomi 13 系列。这连续三代高端产品至今已在用户中赢得了非常好的口碑。

　　2022 年，宏观环境波动，地缘政治混乱，尽管如此，我们在过去几年里建立的全球影响力还是帮助了我们有效地在业务上规避单一市场风险。我们的境外市场收入 2022 年达到人民币 1 378 亿元，占总收入的 49.2%。根据 Canalys 数据，我们的智能手机出货量市场占有率 2022 年在全球 54 个国家和地区排名前三，在全球 69 个国家和地区排名前五；我们运营商渠道的智能手机出货量市场占有率 2022 年在 38 个境外市场排名前三。

　　我们坚定地投资未来。2022 年，我们的研发支出达到人民币 160 亿元，复合年均增长率在 2017 年至 2022 年达到 38.4%。我们将继续投入研发，2022 年至 2026 年五年期间将投入研发超过人民币 1 000 亿元。同时，我们积极充实人才队伍，截至 2022 年 12 月 31 日，我们的研发人员约占员工总数的 50%。另外，我们于 2022 年 12 月发布了首份知识产权白皮书，充分展现了我们的知识产权成就和技术创新能力。截至 2022 年 12 月 31 日，我们已在全球 60 多个国家和地区获得 3 万多项专利。不仅如此，我们还于 2023 年 2 月发布了几项令人振奋的新技术成果，包括 300W 有线快充技术、固态电池技术以及小米无线 AR 眼镜探索版。我们将继续探索自主研发技术，努力进行创造和革新。

练习题

一、将下列上市公司年报中常见的财经金融词汇翻译成汉语。

1. fair value changes
2. financial indicators
3. gross proceeds
4. gross profit margin
5. in-house staff costs
6. intangible assets
7. net liabilities
8. off-balance-sheet financing
9. related party transaction/connected transactions
10. up-front payments received

二、翻译下列句子，注意其中数量表达的译法。

1. A typical company grew at a measly 2.8 percent per year during the ten years preceding COVID-19, and only one in eight recorded growth rates of more than 10 percent per year.

2. Exports of traditional products like garments and accessories <u>increased only 2.8% year on year</u>.
3. December exports <u>soared 14% from a year earlier</u>, the fastest pace in seven months, and up from just 2.9% growth in November.
4. Consumer prices <u>rose 2.8 percent in April from a year earlier</u>, the fastest pace in 18 months, and property prices <u>jumped 12.8 percent</u>.
5. The world's biggest developed market <u>grew at an annualized rate of 3.2 percent</u> in the third quarter, according to a second reading of gross domestic product from the commerce department.
6. Exports <u>slumped 21.18% on a yearly basis to $20.61 billion</u> in June, deeper than the 18.85% fall expected in a Reuters poll.
7. There is a need to <u>enhance the current level of research funding by a factor of two to three</u> during the next five years.
8. The company recorded <u>a four-fold increase</u> in its consolidated net profit for the fourth quarter, riding on the back of robust sales across domestic and international markets.
9. For 2020–2021 fiscal, the tyre major reported a net profit of $8.6 billion, <u>a two-fold decrease</u>, as compared with $15.8 billion in 2019–2020.
10. Hybrid cars and electric vehicles are being sold in increasing numbers and the cost of making solar panels <u>has been reduced by a factor of 20</u>.
11. The capital cost of the combined cycle (联合循环发电) was reduced to $400–500/kW, which is <u>twice less than that of a conventional power plant</u>.
12. The management expenditure this year <u>has decreased by 3 times</u>.
13. Our website topped the 10 million mark at the year-end. This represented a daily rate of <u>nearly 30,000</u>.
14. The return is also satisfactory and the equity IRR (Internal Rate of Return) is <u>in the high teens</u>.
15. German retail sales disappointed expectations, <u>with a contraction of –4.3% in July vs. –0.5% expected</u>.

三、将下列英文段落翻译成汉语。

Basic earnings per share for the years ended December 31, 2022 and 2021 are calculated by dividing the profit attributable to the Company's owners by the weighted average number of ordinary shares in issue[1] during the year.

	Year ended December 31,	
	2022	2021
	RMB'000	RMB'000

Net profit attributable to the owners of the Company	2,474,030	19,339,321
Weighted average number of ordinary shares in issue (thousand shares)	24,828,316	24,927,461
Basic earnings per share (expressed in RMB per share)	0.10	0.78

Diluted earnings per share[2] is calculated by adjusting the weighted average number of ordinary shares outstanding[3] to assume conversion of all dilutive potential ordinary shares. As the inclusion of potential ordinary shares from the convertible bonds would be anti-dilutive, it is not included in the calculation of diluted earnings per share.

For the years ended December 31, 2022 and 2021, the share options[4] and RSUs[5] granted by the Group's subsidiaries and associates had either anti-dilutive effect or insignificant dilutive effect to the Group's diluted earnings per share.

	Year ended December 31,	
	2022 RMB'000	2021 RMB'000
Net profit attributable to the owners of the Company	2,474,030	19,339,321
Weighted average number of ordinary shares in issue (thousand shares)	24,828,316	24,927,461
Adjustments for RSUs and share options granted to employees (thousand shares)	468,412	569,667
Adjustments for share consideration[6] for acquisition[7] of XX company (thousand shares)	655	12,303
Weighted average number of ordinary shares for calculation of diluted earnings per share (thousand shares)	25,297,383	25,509,431
Diluted earnings per share (expressed in RMB per share)	0.10	0.76

注释：

1. weighted average number of ordinary shares in issue：已发行普通股的加权平均数。
2. diluted earnings per share：每股摊薄收益。
3. ordinary shares outstanding：流通普通股。这里 outstanding 是后置定语，为 publicly issued and sold 之意。outstanding shares 通常译为"流通股"，指股东目前持有的股份。
4. share options：股票认购权；股票期权（a right given to employees to buy shares in their company at a fixed price）。

5. RSUs：限制性股份（Restricted Stock Units），指在员工完成了规定的绩效或在公司服务足够时长后，通过归属计划或分配计划发放给员工的股票。
6. share consideration：股份代价。consideration 这里应理解为"支付款"（a reward or payment for a service）。
7. acquisition：收购；并购。

单元知识检测

第十章
商务新闻的翻译

第一节　基本常识

1.1　商务新闻的定义

商务新闻是主要通过报刊、电台、互联网等媒体向公众传播的商业和投资信息，包括产品服务、贸易流通、产业动态、技术进展、经济大势、专业评论等。商务人士通常在很大程度上依赖商务新闻了解最新的商业活动、业务资源、行业标准、市场行情、政策法规、投资建议等，非商务人士有时也能从商务新闻中发掘日常生活的潮流和动向。

跟其他新闻一样，商务新闻也是一种新闻文体。常见的新闻文体有通讯（news reporting）、特写（feature）、专访（exclusive interview）、社论（editorial）、专栏评论（column）等。根据新闻材料的性质，新闻文体又通常分为硬新闻（hard news）和软新闻（soft news）。硬新闻是题材较为严肃、具有一定时效性的报道，纪实性最强；软新闻不太注重时效性，纪实性最弱，娱乐性最强。当然，也有相当一部分新闻介于硬新闻和软新闻之间，纪实性和娱乐性兼而有之，这种新闻通常以各式特写为代表。一般来说，商务新闻大都属于硬新闻，但也有少部分是满足于各种需要的软新闻或介于二者之间的特写、专访、专栏评论等。

1.2　商务新闻的主要结构

商务新闻在写作上遵循新闻文体的写作规范。新闻文体主要由标题、导语、主体、结尾等部分构成。

新闻标题在有些方面不同于书籍、普通文章或文件的标题。所有新闻标题必须是对全文内容的浓缩概括，但书籍、普通文章或文件的标题有时只需对所涉内容有所暗示即可，甚至有时为了达到某种效果会迷惑读者，如"《钢铁是怎样炼成的》"（*How the Steel Was Tempered*）。英文新闻标题一般为一个短句或短语，在报刊上排版时可占一行，形成单行标题（cross line headline），头版头条则可用大号字体占据整个版面，形成通栏大字标题（banner headline），也可占两三行，并采用不同排版样式，形成左齐头式标题（flush left headline）、倒金字塔式标题（inverted pyramid headline）

等。比较长的英文新闻标题可能不止一个句子，但这种长标题一般见于网络新闻。中文新闻标题相对更为多样，有的比较简单，有的则比较复杂。简单的标题可能是一个短语或短句，也可能是两个对称（有时也不对称）的短语或短句。网络新闻比较偏好使用这种标题，可能主要是因为其通常只占一行，但在报刊新闻中，如果栏目比较狭窄，也可将其排版成两行。复杂的标题一般见于中文报刊，在形式上呈现为多层标题，至少包括肩题（shoulder）、主标题（main headline）和副标题（sub-headline）中的两个。不管什么样的新闻标题，都应在成功浓缩概括新闻内容的同时尽可能吸引读者的注意。

导语（lead）是新闻的开头部分，通常用比较简短的话语展示最新鲜、最重要、最吸引人的新闻事实。英文新闻的导语形式比较多样，主要有概要地叙述新闻主要事实的概括性导语（summary lead）、描写某个细节渲染气氛以使整个新闻事件更好地逐步展开的描写性导语（descriptive lead）、引用某一有代表性或有针对性的谈话以作展开的引语式导语（quotation lead）、首先提出问题引起读者思考的提问式导语（question lead）、同时列举新闻事实中反差两端的对比式导语（contrast lead）、引述有关趣事逸闻的轶事式导语（anecdotal lead）等。这些形式的导语一般在新闻的第一段，另外还有由多个段落组成但不一开始就点出主要事实的延缓性导语（delayed lead）。

主体（body）用充分的新闻事实和必要的背景材料承接导语中的内容，必要时也会补充一些新内容，同时还要使读者从阅读导语中产生的兴趣不减。导语不管写得多么精彩，只能概括性或局部性地表述新闻事实，为更好地满足读者深入了解新闻事件的需求，主体会按一定逻辑通顺流畅地进一步描述时间、地点、人物以及事件的起因、经过、结果等，从而使导语中的内容更加清楚、更加详细。

结尾（tail）一般为新闻的最后一段或最后一句。新闻结尾有多种写法，有的是对整个新闻事件的总结，有的是添加一些跟新闻事件相关的额外信息或其他报道，还有的是通过引用某个专家或目击者的话来总结整个新闻事件或预测未来发展趋势。

新闻文体的标题、导语、主体和结尾这几个组成部分按重要程度一般呈倒金字塔形，也就是说，标题包含最重要的信息，其余几个部分所包含信息的重要性逐次降低。但这并不是说新闻主体不重要，只是说如果没有标题和导语，新闻可能就不能成其为新闻。

第二节
翻译方法与技巧

2.1 商务新闻的特点

跟其他新闻一样,商务新闻针对的读者群比较广泛,通常用各种方式吸引尽可能多的读者,总体上有着公开性、真实性、及时性等特点。在语言运用上,商务新闻虽然因聚焦商务活动而有着商务文体的某些特征,但更具比较鲜明的新闻文体特点,这主要表现在以下几个方面。

2.1.1 用词新颖多样

商务新闻用词通常竭力追求新奇,以引起读者的好奇心,增强传播效果,因而新词出现的频率比较高。英语新词大都是通过合成、词缀派生、缩略拼缀、词义转变等手法形成的新造词(coinage)以及一些外来词(loan word)。除新词外,生僻词、俚语、商务术语以及从文学、军事、科技等其他领域借用的词汇也常见于商务新闻中,它们一方面可以吸引读者,迎合各种读者的口味;另一方面也可以增强语言的表现力。翻译这类词时,译者应根据具体语境,结合构词法,并借助词典、百科全书、互联网等工具,弄清楚它们的具体意思,切勿因望文生义而产生误译。

另外,为使文字简练,同时方便狭窄栏目的排版,商务新闻还大量使用一些词义宽泛、形体短小的短词。翻译时,译者应积累并熟悉这类英语词汇,下面仅以商务新闻标题为例,列举一小部分商务新闻中常用的短词(表 10-1)。

表 10-1 部分常见的英语短词

短词	同义词(组)	示例
bill	expense; expenditure	In Evergreen, high power **bills** spark concerns
boom	increase suddenly; prosper	Guangzhou fair closes, trade **booms**
cut	sever; reduce	Google **cuts** dozens of jobs in news division
ease	relieve; reduce	US strives to **ease** stagflation
eye	watch; observe	Renewable energy company **eyes** site near Keystone plant
fall	decline; decrease	Grain sale expected to **fall** at Euromart

续表

短词	同义词（组）	示 例
get	become	Richest **get** poorer in global economic depression
grow	develop	Economy **grows** slowly as unemployment, inflation rise—economist
host	sponsor; organize	Shenzhen SEZ to **host** international trade meeting
move	proposal	**Move** to ban tobacco advertising
nod	approval	Foreign venture "nearing **nod**" for dealing in *yuan*
slash	reduce drastically	Hipgnosis Songs Fund **Slashes** Dividends for Investors

2.1.2 利用各种手段节省空间

商务新闻使用短词在某种程度上也是出于节省空间的需要。实际上，为节省空间，商务新闻不仅通过短词、缩略语等词汇手段，还采用省略、标点符号等其他手段，这在标题中尤为明显。下面重点举例说明标题中的省略和标点符号。

冠词、系动词、助动词（主要是用于构成被动语态和进行时的 be）、代词等在商务新闻标题中通常省略。

例1：

Grain sale expected to fall at Euromart = (The) grain sale (is) expected to fall at (the) Euromart（省略了冠词 the 和助动词 is）

例2：

China's forex market reports transactions totaling 16.24 trln yuan in October = China's forex market reports (that) (its) transactions (are) totaling 16.24 trln yuan in October（省略了连词 that、代词 its 和助动词 are）

例3：

Global firms upbeat on China's digital trade outlook = Global firms (are) upbeat on China's digital trade outlook（省略了系动词 are）

商务新闻标题中的逗号、破折号、冒号等标点符号除具有普通功能外，有时还会出于节省空间的需要用来代替某些文字。一般逗号可表示 and，破折号可表示 say(s)，冒号可表示 say(s) 或 be 动词。

例4：

Economy grows slowly as unemployment, inflation rise—economist（逗号表示 and，破折号表示 says）

例5：

Ministry works to ease burdens for SMEs: official（冒号表示 says）

例6：

Biggest plane deal in history: Airbus clinches massive order from India's IndiGo（冒号表示 is）

2.1.3 时态相对比较简单

商务新闻中的时态相对比较简单，常用的仅有一般现在时、现在进行时和一般将来时三种时态。

某个时间点发生的新闻事件，虽然从时间上讲是发生在过去，但为增强报道的及时感和描述的生动性，通常要用一般现在时表述，这在语法上也叫"历史性现在时"。现在进行时和一般将来时分别用来报道正在发生的事情和将来的计划、安排等，其中一般将来时在新闻中通常用"be to + 动词原形"，而不用其他更为复杂的结构。在新闻标题中，现在进行时和一般将来时中的 be 动词也通常省略。

2.1.4 主动态为主，被动态为辅，引语广泛使用

为给读者一种面对面交流的感觉，使叙事更为直接，商务新闻通常倾向于使用主动语态。当然，有时也用被动语态来突出动作的接受者，或者使标题更为简短。同时，为增加报道的真实感和客观性，使读者确信未掺杂记者的个人观点，商务新闻还广泛使用直接引语和间接引语。其使用间接引语时，表示"说"的动词若用一般过去时，后面的宾语从句可能并不与主句时态呼应，而仍用一般现在时、现在进行时或一般将来时，这也体现了商务新闻中的时态特点。

2.1.5 追求美感和韵味

商务新闻虽然总体上属于信息类文本，但比较讲究美感和韵味，这主要体现在句式灵活多变和注重使用修辞两个方面。

相较于其他商务文体，商务新闻中的英语句式更为丰富，既有结构紧凑的简单句，又有结构庞杂的复杂句；既有用名词短语、动词短语、形容词短语、分词短语等作前置定语的浓缩句式，又有用插入语、状语、较长后置定语等构成的松散句式；另外还有一些倒装句、省略句等特殊句式。使用多种句式能让语言生动活泼，同时，多种句式长短各异，英语中长短句的交替也会使整个语篇读起来有一种节奏感。除灵活使用各种句式外，商务新闻还经常借助比喻、夸张、双关、排比、押韵等修辞手段，以增强可读性和吸引力，这在某些方面与其他商务文体也有着相似之处。

2.2 商务新闻翻译中的语篇调整

商务新闻在某些方面的语言特点，如省略、标点符号、时态、语态、引语等，或在译文中无须再现，或并不构成英汉翻译的难点。对于另外一些语言特点，单就词、词组或句子的翻译而言，译者在准确理解的基础上，灵活运用前面几章所讨论的翻译方法与技巧，通常不难使之在译文中再现，至少也能做到通顺达意。然而，商务新闻的译文不仅要通顺达意，还要有新闻味，并尽可能吸引更多的读者，这就对翻译提出

了更高的要求。为达到这一要求，译者有时还应从语篇的视角对源文的标题、衔接、连贯、语篇结构等进行调整。

2.2.1 标题的调整

在任何语言的报刊中，标题都是新闻的眼睛，有着重要的功能。它们不仅传递新闻的核心信息，还能吸引读者的注意，激发读者的阅读兴趣，同时，其形式、结构、字体等也起着美化报刊版面的作用，使其显得层次分明、眉目清楚。

商务新闻标题的语言虽然比较简单，但翻译时切不可轻视，译者应根据具体情况采取具体的处理方式，以实现新闻标题的重要功能。由于中英文新闻标题在语言、文化、形式等方面存在着较大差异，加之译语读者可能并不具备源语读者的背景知识，翻译商务新闻标题时，译者通常要对源文进行调整。这种调整主要表现在以下三个方面：

1. 为美观起见，可将中文标题做成对称的两部分

英文新闻标题以由一个短语或短句构成的单行标题居多。中文新闻标题虽然也有单行标题，但不一定由一个短语或短句构成，有时可能由两个短语或短句形成左右两部分，并尽量做到对称。对称的中文新闻标题主要是为了视觉美观，并不十分讲究对仗工整，只要左右两部分所占空间大致相当即可，在报刊栏目比较狭窄的情况下，这种标题也方便排版成整齐美观的两行。因此，翻译商务新闻标题时，译者可尽量将中文标题做成对称的两部分。

例 7：
US Inflation Hits Its Lowest Point Since Early 2021 as Prices Ease for Gas, Groceries and Used Cars
汽油、食品杂货和二手汽车价格下跌　美国通货膨胀降至2021年以来最低点

当然，对称的标题只是为了视觉美观和方便排版，并非所有中文新闻标题都应该对称，因此，在做不到对称时，只要译文能准确传达源文意思即可。例如：

例 8：
US aggressive rate hikes spell trouble for developing countries, says economist
经济学家说：美国声势浩大的加息对发展中国家不利

2. 根据新闻内容扩展某些信息，必要时使用多层标题

表达同样的意思，汉字通常比表音文字占更小的空间，而且中文报刊的重要新闻往往使用复杂的标题，因此，翻译时，译者可根据具体情况对标题进行扩展。试比较下例中的两个译文。

例 9：
Largest Chinese trade delegation to visit US in Nov.

第十章 商务新闻的翻译

译文一： 最大的中国贸易代表团将于11月访美
译文二： 中国经贸代表团11月访美 代表团阵容强大规模空前

译文一基本是按照英文标题结构的直译，整体上比较乏味，可能不足以引起中文读者的兴趣；译文二重复翻译了delegation一词，并将英文标题中的largest扩展成"阵容强大规模空前"，用字虽然较多，但突出了此次访问不同寻常，容易让中文读者产生一定的好奇心，同时，扩展的标题易于形成对称，在视觉上也更为美观。

扩展并不局限于对英文标题中个别字词的处理，有时译者还可从新闻内容中额外提取一些关键信息，并在必要时使用比较复杂的多层标题。多层标题不仅符合中文报刊的习惯，也更容易吸引读者的注意。

例10：
Tai'an and HK sign agreements
主标题： 2011泰安市（香港）经贸合作签约仪式隆重举行
副标题： 现场签约项目25个 总投资23.8亿美元

在例10中，英文标题非常简短，中文标题则比较复杂，不仅有较长的主标题，还有包含两个对称部分的副标题。中文标题包含了一些英文标题中没有的信息，而这些信息实际上存在于对应英文新闻的导语部分。

3. 适当增删一些信息，让普通读者容易理解

商务新闻针对的读者群比较广泛，为吸引尽可能多的读者，译文应尽可能让普通读者也容易理解。如果普通读者可能不熟悉或不完全理解某些信息，译文就要适当增删一些信息。试思考如何翻译下列标题。

例11：
Bill Gates hits back at Elon Musk, says shorting Tesla doesn't mean betting against the environment or electric cars

该新闻标题涉及两位亿万富豪比尔·盖茨与埃隆·马斯克，但并非所有中文读者都熟悉这两个人物。因此，翻译时可适当增加一些注释性信息，将标题译成：

微软霸主比尔·盖茨反击特斯拉CEO埃隆·马斯克
称做空特斯拉并非意欲看空环境保护或电动汽车

由于英文标题较长，译者也可只突出主要信息，删去次要信息，hits back at Elon Musk是次要信息，且不熟悉新晋世界首富埃隆·马斯克的中文读者可能更多，故删去后将标题译成：

比尔·盖茨称做空特斯拉并非意欲看空环境保护或电动汽车

除以上三方面外，有时译者还要从修辞手法等方面对源文进行调整，具体可参考第五章有关修辞手法的翻译方法与技巧及其他章节讨论的翻译方法与技巧进行灵活处理。必须指出的是，有时译者按照源文结构直译或对源文稍作调整就能实现新闻标题的重要功能，因而直译仍是商务新闻标题翻译的第一步。下面标题的三个译文或基本按照源文结构直译，或稍微调整了源文的表达方式，但都既保留了源文中的押韵，又能作为恰当的中文新闻标题。

例 12：
After the Boom, Everything Is Gloom
译文一：繁荣不再 萧条即来
译文二：一别繁荣 一片愁容
译文三：繁荣岁月 好景不再 萧瑟景象 接踵而来

2.2.2 衔接的调整

衔接是将语句聚合在一起的词汇及语法手段的统称，通常为语篇表层的可见标记。衔接手段通常分为照应（reference）、替代（substitution）、省略（ellipsis）、连接词语（conjunction）和词汇衔接（lexical cohesion），其中照应、替代、连接词语和词汇衔接属于词汇手段，省略实际上是一种词语空位现象，属于语法手段。有人用统计的方法对比分析英汉商务新闻语篇的衔接手段后发现：词汇衔接、照应和连接词语用得最多，省略和替代所占比例最低，甚至有的语篇中没有出现省略这一衔接手段；在用得最多的三种衔接手段中，只有连接词语在英汉商务新闻语篇中所占比例大致相当，词汇衔接在汉语商务新闻语篇中出现频率最高，但在英语商务新闻语篇中出现频率最低，照应在英语商务新闻语篇中出现频率最高，且远高于词汇衔接（阳花荣、谭占海，2019：37–42）。根据这一研究发现，商务新闻的英汉翻译可能通常要进行衔接的调整，尤其是对英语中照应的调整。

照应一般分为人称照应（personal reference）、指示照应（demonstrative reference）、比较照应（comparative reference）和分句照应（clausal reference），这里探讨的调整在英汉翻译中主要涉及人称照应，其次是指示照应，具体表现为：

1. 将人称照应调整为词汇衔接

英语中表示照应的人称代词翻译成汉语时通常要还原为名词，以使译文表述更合汉语习惯或语体要求。

例 13：
Markus Steilemann, CEO of Covestro, said China is one of Covestro's largest markets, contributing to one-fifth of the group's total sales revenue last year. Steilemann said the company's total investment in China surpassed 3.9 billion euros as of the end of 2022, and that its investment will continue.

科思创首席执行官施乐文说，中国是科思创的最大市场之一，去年在科思创的总销售额中占据五分之一。施乐文宣称，截至 2022 年底科思创在中国总投资已超过 39 亿欧元，并表示科思创还将继续在中国投资。

例 13 英语语篇中的 Covestro's、the group's、the company's 是运用同义词手段的词汇衔接，而 its 则是指示照应，译文将这几个词都译为公司名"科思创"，是运用词汇重复手段的词汇衔接。

如果不将英语中表示照应的人称代词还原为名词，有时可能造成汉语表意不清，甚至引起译文读者误解。

例 14：
Unlike US carriers with fixed-wing, high-performance jets that are catapulted into the air and require about 600 feet (180 meters) of deck to land, the Brezhnev will be just a bigger version of the Kiev. Its jump jets take off by racing up its up-tilted nose. They land almost vertically.

与携载固定翼、高性能喷气机（这种飞机的起飞要用弹射器并要求大约六百英尺即一百八十米长的甲板进行降落）的美国航空母舰不同，"勃列日涅夫"号将只是一艘大型的"基辅"号。垂直起降飞机在起飞时是靠其上倾的头部全速直插空中，又几乎是垂直地进行降落。

例 14 英语语篇中的两个 its 均是照应 the Brezhnev，译文将前一个省略，将后一个译为代词"其"，不仅造成画线部分与前面句子脱节，还可能让读者误以为垂直起降飞机的头部是上倾的。要避免这些问题，译者须将两个 its 还原为名词，也就是说将人称照应调整为词汇衔接，把译文画线部分改为："舰上的垂直起降飞机靠沿着上倾的舰头快速滑行起飞，降落也几乎是垂直的"。

2. 将显性的指示照应转化为隐性

英语中指示照应是指用 the、this、that、these、those 等词所构成的照应关系，汉语中与之相应的是"这""那"等指示代词，但在汉语语篇中的使用频率较小，也就是说，汉语语篇的指示照应往往呈隐性状态。因此，英汉翻译时，译者可将英语的显性指示照应转化为隐性，例 15 英语语篇中的 this 就不必译出：

例 15：
Northeast China's Liaoning Province saw its GDP growth stand at 5.3 percent in the first nine months. This also marks the first time in ten years that the province's GDP growth exceeded the "national line" during the same period.

中国东北的辽宁省 GDP 前三季度经济增速为 5.3%，也标志着该省 GDP 增速十年来首次超过同期全国水平。

2.2.3 连贯的调整

衔接和连贯是两个既有区别又有联系的概念。一般而言，衔接是语篇表层的结构关系，连贯是语篇深层的逻辑关系，而表层的衔接是建立在深层的连贯基础上的。因此，语篇的合理顺畅不仅依赖语篇表层的可见标记，更依赖语篇深层的内在逻辑；合理顺畅的译文不仅仅转换源文的语言符号，更是转换其中的逻辑关系，即对语篇的连贯进行重构。在重构的过程中，译者有时可以照搬或基本照搬源语语篇的连贯，有时则要对源语语篇的连贯进行调整。

连贯的调整在一定程度上反映了不同语言和文化在思维模式上的差异。例如，英语的逻辑层次通常呈显性，汉语的逻辑层次则可呈隐性，英译汉有时就要将源文的逻辑层次进行隐化处理。试比较下面两个译文。

例16：

The South Korean company suffered a decline in profits late last year. <u>Granted</u>, it makes cheaper devices as well as dearer ones, <u>and</u> it can afford some slimming of its margins. People in poor countries also covet global brands: It has taken share from locals in India. <u>But</u> its problem, Mr Jeronimo says, is that it carries lots of costs, in research and development and in marketing, that cheaper rivals do not.

译文一：去年年底，三星的利润出现了下降。<u>的确</u>，三星可以同时经营各个价位的智能机，<u>而且</u>也可以承受一定程度的利润下降。贫穷国家的人们也觊觎全球品牌：三星已经从印度当地人那里抢占了份额。<u>但是</u>三星的真正的问题，正如杰诺尼摩所说的一样，在于其研发和营销方面的巨额开支，而它那些提供廉价手机的对手们则没有这样的困扰。

译文二：去年年底，该韩国公司的利润有所下降。它生产的手机有贵的，也有便宜的，利润低一点儿本来没什么。贫穷国家的人们也渴望用到全球品牌，它这样不就把印度的当地份额拿下了嘛。问题是，正如贾洛尼莫所说，它在研发和营销上的成本太高了，在这些方面没法跟生产便宜手机的竞争对手们比拼。

译文一完全照搬了源文呈显性的逻辑标记，虽然表面看起来有一种逻辑关系，但语篇并不连贯，表意也非常生硬。译文二在吃透源文逻辑层次的基础上，对其进行隐化处理，虽然没有任何逻辑标记，但译文读者完全可以领会其中的逻辑关系，表意也更为自然。

语篇连贯的实现离不开读者的参与，必然涉及读者在语篇理解过程中的认知推理。为保证译文语篇的连贯性，有时译者还应站在译文读者的角度，或适当补充一些背景信息（即采取注释性翻译），或在某个地方调整句序、表述等，从而让译文读者以最小的认知努力最有效地获取信息。现仅讨论一个有关调整句序的例子。

例17：

China, Latin America, and the Caribbean states will build a community with a shared future and further strengthen economic and trade cooperation, officials and business leaders said on Thursday. They made the remarks during the two-day 16th China-Latin America Business Summit in Beijing. This was China's maiden institutional economic and trade promotion platform for Latin America that was held for the first time in the national capital.

译文一：官员和商界领袖星期四在北京举行的为期两天的第十六届中国—拉美企业家高峰会上表示，中国、拉美和加勒比国家将构建命运共同体，进一步加强经贸合作。首次在首都北京举办的中国—拉美企业家高峰会是中国首个面向拉美地区的机制性经贸促进平台。

译文二：为期两天的第十六届中国—拉美企业家高峰会在北京举行。该峰会是中国首个面向拉美地区的机制性经贸促进平台，而在首都北京举办还是第一次。官员和商界领导人星期四在会上表示，中国、拉美和加勒比国家将构建命运共同体，进一步加强经贸合作。

在例 17 中，译文一虽然对源文句序进行了一定调整，但没有根本改变源文语篇的信息排列，前后两句的主要信息连贯性不强，且第一句还可能使译文读者认知负荷过载；译文二对源文句序的调整相应地改变了源文语篇的信息排列，让译文读者能以最小的认知努力最有效地获取相关背景知识及新闻信息，达到了较强的连贯性。

2.2.4 语篇结构的调整

译者在翻译过程中通常要调整源文的某些语篇结构，以使译文更符合译语语篇的规范、更容易为译文读者所接受。语篇结构在某种意义上也包括衔接和连贯，但主要指语法、词汇、逻辑等手段之外的组句成篇方式，如叙事视角（用第一人称还是第三人称叙事）、时空顺序（按时间顺序叙述事件、按空间顺序描写物体等的时空框架构建语篇）、主位推进（即主位+述位结构，英语语篇通常中表现为主语+谓语结构，而汉语语篇中通常表现为话题+评论结构）、信息布局（英语语篇通常将用于描写、提供背景的信息和用于叙事的信息综合在一起，而汉语语篇通常将这两类信息用不同句子分别表述）、行文习惯（某类语篇在特定文化中遵循的传统规范）等。

语篇结构所包含的组句成篇方式比较多样，翻译过程中对语篇结构的调整也相应比较复杂。就商务新闻的英汉翻译而言，语篇结构的调整经常面临的可能是行文习惯的问题。仅商务新闻中广泛使用的引语，就常常反映英语和汉语的不同行文习惯。

例 18：

"We have deepened the communication with foreign companies through roundtable meetings and other ways this year and most of those companies are positive about China's development prospects and willing to maintain long-term development in China," said MOC Spokesperson He Yadong at a news conference last month.

"We welcome more multinational companies to join the Chinese market and share the dividends of China's development," He added.

11 月 16 日，商务部新闻发言人何亚东在商务部例行新闻发布会上表示，今年以来，通过外资企业圆桌会议等方式，深化与外资企业和外国商协会常态化交流，在交流过程中，跨国公司普遍看好中国发展前景，愿意在华长期发展。

"我们欢迎更多的跨国公司投身中国市场，共享中国发展红利。"何亚东说。

例18是中国日报网对同一内容的英语和汉语表述，但二者不是翻译上的对应。从中可见，引述同一个人的话时，英语语篇用了两个段落，且都用直接引语，汉语语篇也用了两个段落，但前一段落用的是间接引语，后一段落用的是直接引语。这至少说明，英语语篇可以将源自同一个人的直接引语分成两个部分，中间可能用较长的其他文字隔开，这两个部分甚至会分布在不同段落中，但这种结构不适合汉语语篇。在汉语行文的传统规范中，源自同一个人的直接引语通常汇集在一个引号里，即使偶尔分成两个部分，中间也不能有太大的间隔。由于英语和汉语在使用引语时有着不同的行文习惯，如果翻译上述英语语篇，译者应将之调整为如下表述："商务部新闻发言人何亚东在上个月的新闻发布会上说：'今年，商务部通过圆桌会议等方式深化与外资企业的交流，跟我们交流的外资企业大都看好中国发展前景，愿意在中国长期发展。我们欢迎更多的跨国企业加入中国市场，共享中国发展的红利。'"

第三节

实例精解精译

原文：

Foreign Companies Up[1] Investment in China's Manufacturing Sector[2]

Volkswagen (Anhui) Components Co Ltd, Volkswagen Group's first wholly owned battery system plant in China, started production on Nov 21 in Hefei, capital of East China's Anhui province.

With a total investment of over 140 million euros ($153 million), the plant has an initial annual capacity[3] of 150,000 to 180,000 high-voltage battery systems.

The battery system produced at the plant is a crucial component for Volkswagen Anhui's modular electric drive matrix[4] electric vehicle production, and 96 percent of the components required for battery production are supplied locally.

"With the first high-voltage battery system rolling off the production line at VWAC[5], Volkswagen Group China has shown its dedication to locally developing and producing top-notch[6] backbone components for our electric vehicles," said Olaf Korzinovski, executive vice-president of Volkswagen Group China[7].

Volkswagen Group is among the foreign companies that are increasing investments in China's manufacturing sector as the country continues to promote high-quality development of manufacturing and high-standard opening-up.

In May, refrigeration industry giant Danfoss inaugurated its global refrigeration research and development and testing center in Tianjin.

In the same month, BMW Group's joint venture in China, BMW Brilliance Automotive Ltd[8], began construction of a new battery production plant in Liaoning's capital Shenyang.[9]

A total of 41,947 new foreign-invested companies were established in China during the first 10 months of the year, data from the Ministry of Commerce showed.

Specifically, the actual use of foreign investment in manufacturing rose 1.9

percent year-on-year to 283.44 billion yuan ($39.7 billion) during this period, with that in high-tech manufacturing logging an increase of 9.5 percent.

China's strong appeal to foreign-funded manufacturing projects can be attributed to several key factors, including its comprehensive industrial ecosystem, huge and open market, strong R&D[10] and innovation vitality, and friendly business environment.

At the third Belt and Road Forum for International Cooperation in October, China said it would remove all restrictions on foreign investment access in the manufacturing sector.

Corning Inc[11], one of the world's leading innovators in materials science, has continued to invest in China in areas including display glass, automotive glass and emission control products since it opened its first sales office in China in 1980.

"We have witnessed the rapid development of the Chinese market and are impressed by the strong resilience and great vitality of it," said Liu Zhifei, president and general manager of Corning Greater China.

China is not only a vital market, but also an innovation engine for many foreign enterprises.

According to a recent survey conducted by the China Council for the Promotion of International Trade, for three consecutive quarters, the surveyed foreign enterprises identified "technological innovation and R&D" as the greatest development opportunity in the Chinese market.

"Volkswagen has been growing hand in hand with China for 40 years. In no other country is the speed of transformation and innovation in the automotive sector as high as here," Korzinovski said.

"We have deepened the communication with foreign companies through roundtable meetings and other ways this year and most of those companies are positive about China's development prospects and willing to maintain long-term development in China," said MOC Spokesperson He Yadong at a news conference last month[12].

"We welcome more multinational companies to join the Chinese market and share the dividends of China's development," He added.

注释：

1. up：该词通常作为介词用，但在这里是动词，跟 raise、increase 等是同义词，例如："The buyers upped their offer by £1,000."。（买方把出价增加了 1 000 英镑。）
2. 该新闻的标题按照源文结构直译即可浓缩概括新闻内容，但正文体现的英文报道

第十章　商务新闻的翻译

风格在中文读者看来比较松散，翻译时，译者需要对某些段落进行合并或调整，以使译文读起来更像中文新闻报道。

3. initial annual capacity：初始年产能。
4. modular electric drive matrix：德语 Modularer E-Antriebs-Baukasten 的英译，汉语可译为"模块化电驱动系统"，业内通常缩写为 MEB。MEB 是大众汽车集团为纯电动汽车打造的高兼容性平台。
5. VWAC：上文中 Volkswagen (Anhui) Components Co Ltd 的缩写，即"大众汽车（安徽）零部件有限公司"。
6. top-notch：最好的；一流的。
7. 本新闻在两处直接引语引用 Olaf Korzinovski 的话，在相隔较远的第二处引用时仅提及他的姓 Korzinovski。为避免中文读者将他误认为是两个不同的人，同时根据汉语语篇的行文习惯，可以将两处引语合并在一起。
8. BMW Brilliance Automotive Ltd：华晨宝马汽车有限公司。
9. 本句的时间状语跟前一句内容一样，译者可以不必译出，将两句合并为一句即可。
10. R&D：research and development 的缩写。
11. Corning Inc：康宁公司，世界 500 强企业，全球总部位于美国纽约。
12. last month：由于新闻开头提到 11 月 21 日大众汽车（安徽）零部件有限公司在合肥投产，如果译者将 last month 译为"上个月"，很可能让读者认为是 10 月份。实际上，因该英语新闻发布于 2023 年 12 月 4 日，为避免误解，最好将其译为"11 月份"。

参考译文：

外资企业增加在中国制造业的投资

11 月 21 日，大众汽车集团在华首个全资控股的电池系统工厂——大众汽车（安徽）零部件有限公司，在位于华东地区安徽省的省会合肥投产。该工厂总投资超过 1.4 亿欧元（合 1.53 亿美元），初始年产能为 15 万~18 万组高压电池系统。其生产的电池系统是大众安徽生产 MEB 型电动汽车的重要部件，且生产电池所需零件的 96% 均为本地供应。

大众汽车集团（中国）执行副总裁 Olaf Korzinovski（康诺一）表示："首套高压电池系统在大众汽车（安徽）零部件有限公司下线，表明大众汽车集团（中国）要致力于为我们电动汽车在本地开发和生产顶级关键零部件。大众与中国携手发展 40 年，中国在汽车行业的转型与创新速度比其他任何国家都快。"

随着中国继续推动制造业高质量发展和高水平对外开放，许多外资企业增加在中国制造业的投资，大众汽车集团只是其中之一。仅 5 月份，制冷行业巨头丹佛斯在天津成立了全球制冷研发和测试中心，宝马集团在中国的合资企业华晨宝马汽车有限公司开始在辽宁省的省会沈阳建设新的电池工厂。商务部数据显示，今年的前 10 个月，中国总共建立了 41 947 个新的外资企业。具体到制造业，这一期间实际使用外资同比增长 1.9%，达到 2 834.4 亿元（合 397 亿美元），其中高科技制造业实际使用外资更是创下增长 9.5% 的记录。

中国制造业对外资有着强大的吸引力，这得归因于几个关键因素，包括中国的综合产业生态系统、庞大而开放的市场、强大的研发与创新活力以及友好的营商环境。中国不仅是一个重要的市场，更是许多外资企业的创新引擎。中国国际贸易促进委员会最近一项调查显示，受访外资企业连续三个季度认为"科技创新与研发"是中国市场的最大发展机遇。

材料科学领域全球领先的创新者之一康宁公司，自 1980 年设立第一个中国地区销售办事处以来，一直在华投资，投资领域有显示屏、汽车玻璃、排放控制产品等。康宁大中华区总裁兼总经理刘之菲表示："我们见证了中国市场的快速发展，深刻感受到了中国市场的强大韧性和巨大活力。"

在 10 月份举行的第三届"一带一路"国际合作高峰论坛上，中国宣告将全面取消制造业领域外资准入限制措施。11 月份，商务部新闻发言人何亚东在例行新闻发布会上说："今年，商务部通过圆桌会议等方式深化与外资企业的交流，跟我们交流的外资企业大都看好中国发展前景，愿意在中国长期发展。我们欢迎更多的跨国企业加入中国市场，共享中国发展的红利。"

以下译文未作语篇调整，试比较：

更多外资投向"中国制造"

大众汽车集团在华首家全资控股的电池系统工厂——大众汽车（安徽）零部件有限公司于 11 月 21 日在合肥投产。

该工程总投资超过 1.4 亿欧元，初始年产能为 150 000~180 000 个高压电池系统。

该工厂生产的电池系统将供应大众安徽生产的 MEB 平台纯电动车型。电池生产所需的 96% 的部件均由当地供应。

大众汽车集团（中国）执行副总裁 Olaf Korzinovski 表示："随着第一套高压电池系统在大众汽车电池工厂下线，大众汽车集团（中国）已表明其致力于在当地开发和生产我们电动汽车的顶级关键部件的决心。"

随着中国继续推动制造业高质量发展和高水平对外开放，大众汽车集团成为众多扩大对中国制造业投资的外国公司之一。

5 月，制冷行业巨头丹佛斯在天津成立了丹佛斯全球制冷研发测试中心。

同月，宝马集团在中国的合资企业华晨宝马汽车有限公司开始在辽宁沈阳建设新的电池生产厂。

商务部数据显示，今年前 10 月，全国新设立外商投资企业 41 947 家。

今年 1—10 月，制造业实际使用外资金额达到 2 834.4 亿元，同比增长 1.9%，其中高技术制造业增速达到 9.5%。

中国制造业领域吸引外资的积极因素包括：全面的产业生态系统、庞大开放的市场、强大的研发和创新活力以及友好的营商环境。

在 10 月举行的第三届"一带一路"国际合作高峰论坛上，中国表示将全面取消制造业领域外资准入限制措施。

康宁是全球材料科学领域领先企业，自 1980 年在中国开设第一个销售办公室以来，在显示玻璃、汽车玻璃和排放控制产品等领域持续在华投资。

康宁大中国区总裁兼总经理刘之菲表示："我们见证了中国市场的快速发展，并对其强大的韧性和巨大的活力印象深刻。"

中国不仅是一个重要的市场，也是许多外国企业的创新引擎。

中国国际贸易促进委员会最近一项调查显示，受访外资企业连续三个季度认为"技术创新与研发"是中国市场最大的发展机遇。

Korzinovski 表示："40 年来，大众一直与中国携手向前。中国汽车行业的转型和创新速度超越其他任何国家。"

商务部新闻发言人何亚东在上个月的新闻发布会上表示："今年，商务部通过外资企业圆桌会议等方式深化与外资企业的常态化交流，在交流过程中，跨国企业普遍看好中国发展前景，愿意在华长期发展。"

"我们欢迎更多跨国公司加入中国市场，分享中国发展的红利。"

练习题

一、翻译下列英文新闻标题。
1. Guangdong Fair Closes, Trade Booms
2. Big Tech Stocks Stayed Afloat in Q1—But Most Others Weren't So Lucky
3. China Takes New Step to Prime Its Slowing Economy
4. Not Enough Chips Means MINI Sales Hit the Brakes
5. Fed's Waller Raises Possibility of a Rate Cut by Spring If Inflation Keeps Slowing
6. Spotify to Cut 17% of Its Staff
7. China, Angola Sign Investment Protection Agreement
8. Latest China-EU Trade Frictions Not Trade War: MOC
9. RCEP Gives Extra Boost to Regional Trade Development—Cambodian Senior Official, Experts
10. A Trial Deciding if JetBlue Can Buy Spirit—and Further Consolidate the Industry—Nears Its End

二、翻译下列商务新闻段落，注意衔接与连贯的调整。
1. New energy vehicles saw even higher growth. For the first time, their production and sales each surpassed 1 million units in November, said the China Association

of Automobile Manufacturers (CAAM).
2. Last year, the economy shrank at an annual pace of 1.6% from January through March and by a further 0.6% from April through June. Those two consecutive quarters of economic contraction raised fears that a recession might have begun.
3. Waller is regarded as a relatively "hawkish" official, meaning that he typically favors higher rates to combat inflation rather than low rates to boost job growth. But he has also become somewhat of a bellwether for the Fed's overall rate-setting committee.
4. Fed officials have previously suggested that eventually, cooling inflation would lead the Fed to cut rates. That's because, adjusted for inflation, the central bank's benchmark rate effectively rises as inflation falls. And because the Fed's key rate affects rates on consumer and business loans, like mortgages and credit cards, it becomes more of a drag on the economy. That's why as inflation slows, the Fed could reduce its benchmark rate just to keep its inflation-adjusted level stationary.

三、翻译下列商务新闻，必要时对源文进行调整。

Dow Reaches Record High as Fed Pivots Toward Rate Cuts

New York (CNN)—US markets soared higher on Wednesday afternoon following the Federal Reserve's final policy decision of the year.

The Dow rose 1.4%, closing at 37,090.24 and blazing past its previous record high of 36,799.65, reached nearly two years ago.

The S&P 500[1] was up 1.4% and the Nasdaq also gained 1.4% as Wall Street celebrated[2] the US central bank's announcement that it would keep interest rates steady after almost two years of aggressive rate hikes—and that it expects three rate cuts in 2024.

Wednesday's stock surge sent the Dow's year-to-date gains to 11.9%. The S&P 500 is also about 2% from a record high and is up 22.6% so far in 2023. The tech-heavy Nasdaq Composite has soared by more than 40% so far this year.

"The major takeaway[3] from the December policy meeting is that the Federal Reserve is forecasting a soft landing, full employment and intends to reduce its federal funds policy rate by at least 75 basis points in 2024 to support the ongoing business expansions," wrote Joseph Brusuelas, chief economist of account firm RSM[4], in a note Wednesday.

"From our vantage point that is about the best holiday gift a central banker can bestow upon the investment community, policymakers and the public," he wrote.

The CNN Business Fear & Greed Index, which looks at seven indicators of market sentiment, remained in "greed" territory as markets surged. That's a big change from just one month ago, when the index was in "fear" territory.

Treasury yields, meanwhile[5], fell to their lowest level since August following the Fed's forecast of easing interest rates. The yield on the 10-year Treasury fell by about two tenths of a percentage point to 4.018%.

Oil prices also rose more than 1% after Fed officials indicated near-future rate cuts. The relief came after both Brent and WTI[6], the international and US benchmarks, closed at their lowest levels since late June on Fed worries.

In corporate news, shares of Etsy fell 2.2% after the online crafts retailer announced it would lay off about 11% of its staff. The company cited a challenging economic environment as cause for the firings.

Shares of Tesla were up nearly 1% even after the company lost consumer tax credits[7] for some of its Model 3 vehicles and was made to recall more than 2 million of its cars for autopilot issues.

Pfizer, meanwhile, fell 6.7% after the company issued weaker-than-expected guidance for 2024.

注释：

1. The S&P 500：标准普尔指数 500，是由在纽约证券交易所（NYSE）、纳斯达克（Nasdaq）或芝加哥期权交易所（CBOE）上市的美国 500 强企业构成的股票指数，通常比道琼斯指数更能反映整体经济状况。S&P 是 Standard and Poor's 的缩写。
2. 翻译 celebrated 时，译者应根据具体语境灵活变通，不要按词典上的解释译为"庆祝"，否则译文会出现搭配不当，或者很别扭。
3. takeaway：这里指"从……中了解到的主要信息"（a main message or piece of information that you learn from something you hear or read）。
4. RSM：全球审计、税务和咨询服务的主要提供者。RSM 是该组织的三个创始成员公司 Robson Rhodes（英国）、Salustro Reydel（法国）和 McGladrey（美国）的首字母缩写，中文通常源文照抄，有时也译为"罗申美"。
5. meanwhile：这里不是通常熟悉的"与此同时"，而是跟之前提到的情形进行对比；表示这一意思时可翻译为"然而""则"等，也可根据具体语境不必翻译。
6. Brent and WTI：布伦特原油和 WTI 原油。布伦特原油出产于北大西洋北海布伦特地区；WTI 即 West Texas Intermediate（西得克萨斯中间基原油），是北美地区较为通用的原油。它们都是油价的标杆。
7. consumer tax credits：消费税抵免。credit 这里意为"有权索要的款项"（a payment that somebody has a right to for a particular reason）。

单元知识检测

主要参考书目

陈福康. 中国译学理论史稿. 上海：上海外语教育出版社，2000.
陈仕彬. 金融翻译技法. 北京：中国对外翻译出版公司，2002.
陈小全. 译本比较与正误. 北京：北京大学出版社，2011.
陈新. 英汉文体翻译教程. 北京：北京大学出版社，1999.
古今明. 英汉翻译基础. 上海：上海外语教育出版社，1997.
李德凤. 财经金融翻译：阐释与实践. 香港：香港大学出版社，2007.
李运兴. 语篇翻译引论. 北京：中国对外翻译出版公司，2001.
刘白玉. 英语术语 CIF 不应译为"到岸价格". 中国科技翻译，2010，23（1）：33; 60–61.
刘宓庆. 文体与翻译. 北京：中国对外翻译出版公司，1998.
邱懋如. 可译性及零翻译. 中国翻译，2001，22（1）：24–27.
宋晓星，林群. 商务英语笔译. 北京：清华大学出版社，2014.
邢福义. 现代汉语. 北京：高等教育出版社，1991.
阳花荣，谭占海. 英汉商务新闻语篇衔接手段对比分析. 商务外语研究，2019，（2）：37–42.
叶子南. 高级英汉翻译理论与实践. 北京：清华大学出版社，2020.
张健. 新闻翻译教程. 上海：上海外语教育出版社，2019.
张培基. 英汉翻译教程. 上海：上海外语教育出版社，2009.
赵兴民，蔡力坚. 商务翻译：译·注·评. 北京：清华大学出版社，2018.
Altarabin, M. *The Routledge Course in Arabic Business Translation: Arabic-English-Arabic*. London / New York: Routledge, 2022.
Catford, J. C. *A Linguistic Theory of Translation*. London: Oxford University Press, 1965.
Chiper, S. Business Translation. *Perspectives: Studies in Translatology*, 2002, *10* (3): 215–233.
Gambier, Y. & Van Doorslaer, L. *Handbook of Translation Studies Volume 1*. Amsterdam / Philadelphia: John Benjamins, 2010: 41–44.
House, J. *A Model for Translation Quality Assessment*. Tübingen: Gunter Narr, 1977.
Kress, G. & Van Leeuwen, T. *Reading Images: The Grammar of Visual Design*. London / New York: Routledge, 1996.
Newmark, P. *A Textbook of Translation*. New York: Prentice Hall, 1988.
Newmark, P. *Approaches to Translation*. Oxford: Pergamon, 1981.
Nida, E. A. & Taber, C. R. *The Theory and Practice of Translation*. Leiden: E. J. Brill, 1969.

Nord, C. *Translating as a Purposeful Activity: Functionalist Approaches Explained.* Manchester: St. Jerome, 1997.

Toury, G. *Descriptive Translation Studies and Beyond.* Amsterdam: John Benjamins, 1995.

Venuti, L. *The Translator's Invisibility: A History of Translation.* London: Routledge, 1995.

Vinay, J.-P. & Darbelnet, J. A Methodology for Translation. In L. Venuti (Ed.), *The Translation Studies Reader.* London / New York: Routledge, 2000: 84–93.

参考答案

第二章

一、

译文一

兹定于二〇二二年六月十八日（星期六）下午三点半在诺福克郡伊利市圣公会圣保罗教堂为小女伊莎贝拉·凯瑟琳与本杰明·纳森·肖先生举行婚礼，并随后在汉普顿路71号诺福克游艇与乡村俱乐部举办婚宴，恭请光临！

哈罗德·布莱克夫妇谨订

译文二

哈罗德·布莱克先生暨夫人谨订于二〇二二年六月十八日（星期六）下午三点半在诺福克郡伊利市圣公会圣保罗教堂为女儿伊莎贝拉·凯瑟琳与本杰明·纳森·肖先生举行婚礼，并随后在汉普顿路71号诺福克游艇与乡村俱乐部举办婚宴，恭请光临！

二、

译文一

本人夫妇因事先有约，无法接受托马斯·诺伯特博士暨夫人的盛情邀请，不能参加定于二〇二二年九月十日（星期六）晚七点在枫树街45号举行的宴会，谨表歉意。

塔夫脱·杜兰德夫妇谨复

译文二

塔夫脱·杜兰德先生暨夫人因事先有约，无法接受托马斯·诺伯特博士暨夫人的盛情邀请，不能参加定于二〇二二年九月十日（星期六）晚七点在枫树街45号举行的宴会，谨表歉意。

三、

On Quotation (报盘)

1. 我方的最低价盘开列如下，以我方最后确认为准。
2. 除实盘外，所有报价都以我方最后确认为准。除非另有说明或协议，所有净价格均不含折扣。
3. 若为实盘，我方通常保留三天有效期。

207

4. 以上报盘均为虚盘，所有订货将以我方书面接受为准。
5. 他们就下列货品给我方报了虚盘：
6. 报给你方的价格是很公道的，很遗憾我方无法接受你方还价。
7. 此系目前最低价格，若再减价无法再议。
8. 兹寄上我方的形式发票第……号，并按贵方要求一式三份。

On Commission（佣金）

1. 我方通常给予代购订货商的佣金是百分之……，但也可能根据不同产品的性质而有所改变。
2. 我方价格内含你方百分之……的佣金。此佣金将于货物装运完毕及货款议付之后迅速汇去。
3. 附寄第……号售货确认书两张，请签妥一张寄回，以供我方保存。
4. 兹函附花旗银行纽约分行开出的第……号支票一张，计……美元，作为给你方在上述售货确认书提及的交易上应得的佣金。

On Order, Payment and Delivery（订购、付款与交货）

1. 贵方报盘时请考虑我方长期大量订货的可能性。
2. 贵方订单正在及时处理中，请相信我方会在贵方时限内发运此货。
3. 货已备待装船，请速开信用证，待收到信用证即起运。
4. 我方要求以保兑的、不可撤销的、以我方为受益人（抬头）的信用证付款。（抬头：发票、收据上写收件人或收款人的地方）
5. 我方一般的付款条件是以保兑的、不可撤销的、无追索权的信用证，在装运口岸凭向议付银行提交装船单据即期付款。
6. 为了避免不必要的麻烦，有关信用证必须严格按照合同条款开出。
7. 由于厂方遇到预计不到的困难，我们不能于……日前运出，请延长信用证的有效期至……日。
8. 售货确认书第……号下所定货物已装群星号轮，兹附寄有关装船单证副本，如下：

On Complaints and Claims（理赔）

1. 很抱歉，我方不能同意你方客户提出的看法，并且由于证据不足，我方拒绝承担赔偿责任。
2. 显然，损坏是由于运输中粗暴的搬运所致，只好由你方向有关的保险公司提出索赔。
3. 对你方遭到的损失，我方的意见是，应向轮船公司提出赔偿，因为责任在于他们。
4. 关于此货的任何索赔须在货物到达目的口岸的……天内提出，逾此期限，不再受理。
5. 发现你方装运的订货与协议的规格不一致，因此不得不提出总额为……的赔偿。
6. 随函寄去商检证书第……号正本一份和运费账单，据此向贵方提出索赔，金额如下：

四、

Lydia Payne
Head of operations
Dwight Financial Services
32 Riddler Jones Way
Toronto, ON, M4M 5N5
416-555-5556
lydiapayne@email.com

尊敬的琼斯女士：

兹有意了解贵方的一些科技产品，特别是预算与数据分析软件，故写此信向贵方询盘。

德威特金融服务公司是一家一流的金融公司，专门为客户提供最有效的金融咨询服务。跟我方合作的有各种跨国公司，包括德卡特物流公司和特维尔装瓶公司。为优化服务，我方非常希望对信息通信技术系统进行升级，以便更好地服务客户。首要需求是购入数据分析系统和有效的预算软件，现欲知将贵方产品与我方系统进行兼容的成本估价。

您可通过信函上方的任何一种联系方式与本人联系。盼望赐复并期待与贵公司合作愉快！

  顺祝

商安！

营运总监 雷迪亚·贝恩
2021 年 11 月 16 日

第三章

一、

1. 我们要买<u>高</u>质量的钢材。（增词法。quality 中实际包含了 high 的意思。）
2. 耐克公司热衷于<u>降低</u>产品成本，<u>提高</u>产品质量，<u>加快</u>生产速度，从而在竞争中立于不败之地。（增词法）
3. 回顾去年以来的营销活动，弄清产品需求的季节性下滑，集体讨论下滑期间提振需求的方法，确保我们为下一个营销活动做好准备。（省略并列连接词）
4. 2024 年 1 月 3 日的商务会议审核了主页上的度量数据 PDF 和 "PMO 度量"区，并<u>研究了</u>团队的反馈意见。（将 discussion 和 includes 两词省略，并采取重复法，根据搭配需要将 review 译成两个同义词组。）

二、

1. 五挡手动变速箱就是平稳性的<u>化身</u>。（动词转换成名词）

2. 尽管电子邮件是许多商务交流中的主要形式，但电话仍是经常必需的。（名词转换成形容词）
3. 由于自来水管检修，明天早晨 7 点至晚上 11 点停水，特此通知。
4. 十多年来，失业人口居高不下。

三、

1. 这个解释完全不同，但却很能给人启发。（"thought-provokingly different" 若译为"启发思想地不同"则不顺畅，只有将之切分，根据逻辑关系将 thought-provokingly 抽离出来译成单独的分句）
2. 中国人似乎为他们在经济上取得的成就而自豪，这是合乎情理的。（切分）
3. 我们将于 2024 年 10 月 25 日下午 1 点到 5 点召开会议，讨论新会计系统的安装，请知悉。（第二句的 This meting 与第一句的 have a meeting 指称内容相同，可以将两句合并，同时采取移位法，根据汉语表达习惯将句首的 Please be informed 调换到句尾）
4. 如何花那笔钱，艾莉森让她的雇员们自己做决定，而不是帮他们做决定。（移位）
5. 这么多的人不得不为自己的长期财务状况承担这么多的责任，真是史无前例。（移位）
6. 如有所需，请即见告。（移位）

四、

1. 有些人事经理抱怨，他们在此面试过的大学毕业生，其中不少都是一些眼高手低之辈。
2. 员工队伍庞大的公司经营成本高，业务量萎缩，举步维艰。
3. 毫无疑问，她在事业和文化程度上都是和丈夫并驾齐驱的。
4. 当今美国社会污迹斑斑，丑陋不堪：贫困现象难以消除，种族对立由来已久，家庭关系支离破碎，预算赤字骇人听闻。
5. 1968 年 9 月 30 日第一架波音 747 下线后便随即被戏称为"巨无霸"，并且引起人们的种种担忧，如担心庞大的机身会使机场不堪承受，候机楼人满为患，处理行李的设施不堪重负，海关和移民局应接不暇，机场的滑行道和跑道不堪重压。

五、

（四）正式宣布开会
核准之前会议记录
发言人：凯瑟琳·琼斯 时间：上午 10:05
　　　主持人正式宣布开会，对 2021 年 1 月 4 日以来的会议记录进行核准。与会者投票一致通过这些记录。
核准当前会议议程
发言人：凯瑟琳·琼斯 时间：上午 10:15
　　　将会议议程分发给所有与会者，并给出审核时间以供提出问题或添加议事项目。

上午 10:23，与会者投票一致通过会议议程，没有添加任何议事项目。

（五）接续上次会议的所提事项

物色新的办公室经理

发言人：简·理查森　时间：上午 10:24

　　如上周会议所提，已为办公室经理的空缺职位开启了面试。在第一轮面试结束之前，将继续接待新的应聘者。

确定第一季度目标

发言人：马修·约翰逊　时间：上午 10:30

　　如上周会议所提，所有雇员必须与各自的主管安排一次一对一的会面，商讨 2021 年第一季度的目标。这些会面必须在 2021 年 1 月 22 日之前完成。

（六）本次会议的讨论事项

获得新客户

发言人：卡罗琳·伏戈尔　时间：上午 10:42

　　卡罗琳在新年里争取到一个新客户，即总部设在加州圣地亚哥的艺术推广有限责任公司。他们的主要目标是为更符合当前企业文化的公司总部展开新的空间规划。卡罗琳将于 2021 年 1 月 19—29 日去圣地亚哥出差，和艺术推广有限责任公司的主管一起开始空间规划的工作。

第四章

一、

1. 家乐福（带有一定含义的音译，但该含义跟源语词汇的本义无关。源语词汇的本义是"十字路口的集市场所"）
2. 喜力（中国大陆的译法，为带有一定含义的音译，但该含义跟源语词汇的本义无关，Heineken 本为姓氏名，意为 son of little Hein (Henry)）；海尼根（中国台湾的译法，为纯粹的音译）
3. 霍乱（意译，借用了中医中包含了近似意的"霍乱"一词，旧时音译作"虎力拉"，也带有一定含义，意为"像老虎一样有力地拉肚子"）
4. 本田（间接转译）
5. 五十铃（间接转译）
6. V 形引擎（混合译法；源文照抄式的移译 + 音译）；V 形发动机（混合译法；源文照抄式的移译 + 意译）
7. 百香果（混合译法；带有一定含义的音译 + 意译，其中音译带有的含义跟源语词汇的本义无关）
8. 奶昔（混合译法；意译 + 音译）
9. 飘柔（意译，但并不是直接对源语商标名的意译，因为 rejoice 本义是动词，是"感到欣喜"的意思。Rejoice 是美国宝洁公司（P&G）旗下的品牌，其产品定位是 a

shampoo that helps smooth hair，该意译可能是从产品定位引申而来）
10. DIY（源文照抄式的移译）；自己动手（意译）
11. 软件（仿造式的移译）
12. 马提尼酒（混合译法；音译+说明类别的意译）

二、

1.
　　主要语言特点：1）用名词性词组构成平行结构，逐条呈现产品的特点。2）专业术语较多，大部分是计算机科学术语。
　　这里不能简单地将英语的名词性词组译成汉语的名词性词组，应根据具体情况作出调整，以使译文既符合汉语表达习惯，又较好地再现源文平行结构所达到的效果（例如，按照源文结构翻译的"大容量、小体积、轻重量"就不能很好地突出产品特征）。源文的点句符可在译文中改为编号。计算机科学术语可采用源文照抄式的移译。译文如下：

产品特征：

1. 容量大。
2. 体积小。
3. 重量轻：不到 15 克。
4. 符合 USB 1.0/1.1 标准，即插即用。
5. 无须额外电源，直接从 USB 总线取电。
6. 带有内置写保护开关，防止数据被抹掉和遭到病毒攻击。
7. 在 Windows ME/2000/XP、Mac OS 9.x、Linux Kernel 2.4x 或更高版本的操作系统下无须安装驱动程序。

2.
　　主要语言特点：1）使用了一些专业术语，但句子结构大都比较简单；2）使用了较多的祈使语气；3）为引起用户注意并突出重点，不仅对部分文字采用了粗体，还将一些句子中含有较多信息的部分进行了切分，并在不破坏句子整体连贯性的前提下利用点句符纵向排列切分出来的信息，使之在形式上构成平行结构。
　　翻译时以准确传达源文信息为主，采用增词法等翻译方法。源文中的粗体可以保留，但源文中的点句符则可以根据具体情况改为编号或者删去，相关信息也不一定按照源文形式进行纵向排列。译文如下：

　　警告
　　可能损害肝脏：本品含有醋氨酚，在以下情况下可能严重损害肝脏：1. 在 24 小时内服用的醋氨酚超过 4 000 毫克；2. 与其他含有醋氨酚的药物同时服用；3. 服用本品时每天饮酒 3 杯或 3 杯以上。
　　可能造成过敏：醋氨酚可能引起严重的皮肤反应，症状可能包括：皮肤发红、起水疱和出皮疹。如果发生皮肤反应，立即停止服用并寻求医疗帮助。

请勿服用：1.）请勿跟任何其他含有醋氨酚的（处方或非处方）药物一起服用。如果不能确定某种药物是否含有醋氨酚，请咨询医生或药剂师。2.）如果对醋氨酚或本产品中任何非活性成分过敏，请勿服用。

如果患有肝病，请在服用前咨询医生。

如果正在服用抗凝血药物华法林，请在服用本品前咨询医生或药剂师。

出现以下情况应停止服用并咨询医生：1.疼痛加重或持续超过10天；2.发烧加重或持续3天以上；3.出现新的症状；4.出现红肿。这些可能是病情严重的迹象。

如果处于怀孕期或哺乳期，请在服用前咨询保健专业人员。

请将本品放在儿童拿不到的地方。

对服用过量的警告：如果服用过量，请立即寻求医疗帮助。即使没有察觉到任何迹象或症状，立即就医对成人和儿童也非常重要。

3.

主要语言特点：1）使用了一些专业术语，但句子结构大都比较简单；2）使用了较多的祈使语气；3）采取了一问一答式的写法，以达到跟用户拉近距离的效果。部分类似于问的地方（发现故障）使用了第一人称，似乎是用户本人在积极提问，类似于答的地方（解决方法）均使用了第二人称，似乎在跟用户面对面地交流。

翻译时可根据具体情况采取增词减词、分合移位、源文照抄式的移译等翻译方法准确传达源文信息。汉语通常可以省略主语，故翻译时可以忽略源文中人称的使用。译文如下：

故障排除

更新 Microsoft 操作系统

在尝试解决驱动器问题之前，请确保有最新版 Microsoft 操作系统服务包，并在系统上安装了其他 Windows 更新。这些服务包发行后可以用来修复错误、添加驱动程序和提升系统的安全特性。请到 http://support.microsoft.com 查看如何在系统中安装服务包和 Windows 更新的详细信息。如果不能上网，请与 Microsoft 客服联系了解相关信息，以获取这些系统增强组件。

电脑上没有显示驱动器

按照所列的顺序尝试以下解决办法：

1. 检查驱动器电源是否开启。驱动器正面的电源 LED 和电源整流器的指示灯应该亮着。

2. 确保电源整流器牢固地插入驱动器和电源插座。如果驱动器已插入接线板，试着将它直接插入墙上插座。

3. 检查 USB 连接线是否牢固、正确地连接到驱动器和电脑上的 USB 连接器。

4. 在电脑开机状态下拔下 USB 连接线，等候 10 秒后再重新连接 USB 连接线。

5. 通过设备管理器窗口查看电脑是否识别正在使用的 USB 接口。更多信息可查阅电脑随附的说明文件。

系统显示将高速设备连接到了低速接口（Windows XP）

这是正常现象。Windows XP 会显示 USB 2.0 驱动器连接到了 USB 1.1 接口。这时驱动器将不具备使用 USB 2.0 接口可以获得的高速能力。

使用 USB 2.0 适配器卡时遇到数据传输性能问题

惠普个人媒体驱动器可达到主机适配卡所允许的速度（最高突发传输速率为每秒 480 MB）。如果遇到性能问题，请确定 USB 2.0 卡的驱动程序是否是最新版本，以及是否安装成功。

软件无法运行或停止运行

重新安装软件。请查阅第 6 页的"驱动程序和软件的安装"。

写缓存使能无法维持在启用状态

为保护数据，使用惠普个人媒体驱动器时会关闭写缓存使能。更多信息请见 http://www.hp.com/support。

安装软件时需要管理员权限

安装软件时可能需要以管理员身份登录，这要取决于操作系统。请查阅 Windows 帮助文件或电脑随附的说明文件。

第五章

一、

1. 花语寄情。（国际鲜花速递组织英特福罗拉）
2. 品客一开，停不下来。（品客薯片）
3. 我敢打赌你不会只吃一片。（乐事薯片）
4. 刊登一切适合刊登的新闻。（《纽约时报》）
5. 你钱包里有什么？（美国第一资本金融公司）
6. 灵感点亮生活。（西门子）
7. 我们去旅行吧。（丰田汽车）
8. 州农场保险，亲如近邻。（州农场保险公司）
9. 有爱彼迎，去哪儿都是家。（爱彼迎）
10. 无拘无束，恰到好处。（澳拜客牛排馆）

二、

1. 在世界经济中，知识至上。
（译为"知识是国王"不合汉语表达习惯，故用普通语言表达源文中的暗喻。）
2. 正在上海访问的耐克公司首席执行官对记者如此说，"在中国的市场前景无量。"
（译为"无底洞"在汉语中带有贬义，不能准确传达源文意思，故用普通语言表达源文中的暗喻。）
3. 你不希望随便什么人都来参加你的演出，但另一方面你也不想限制可能带来的业务量。

（英语中 Tom, Dick, Harry 是常见的名字，用以借指普通人，翻译时不能将具体名字译出，须将这种借代改为普通语言表达，有时也可用"阿猫阿狗""张三李四"等保留这种修辞手法。）

4. 如今的着眼点是利润而不是产品。有一半的时间，我们欺骗工头，工头欺骗资方，资方欺骗客户，而客户就是我们。

（这里使用的修辞手法在英语中叫 chiasmus（交错配列），有些类似于汉语中的回文（也有人将之译为"回文"），指的是两个或两个以上结构相似的平行句子或短语最终形成首尾颠倒，其中后面开头的单词或词组跟前面末尾的单词或词组一样，有时也可以是其同义词、同类词或反义词。一般情况下，英语中的这种修辞手法在翻译时比较容易保留到汉语中，但有时也无法保留，只能用普通语言译出内容，例如，Working hard, or hardly working?）

5. 落败孤岛孤败落，若非孤岛孤非弱。

（该句通常被认为是拿破仑战败后被流放到厄尔巴岛时的内心写照，使用的修辞手法是 palindrome，即词、短语或句子顺读和倒读都一样。这种修辞手法最为接近汉语中的回文，翻译时很难得以保留，译文中第一句是标准的回文，第二句"若"和"弱"同音，只是勉强形成回文，但已非常难得。试比较分析另一种译法"不到厄岛，我不倒"。）

6. 创业很大程度上就是不成功便沉沦。

（这里使用的修辞手法是 alliteration（头韵），汉语中基本不用这种修辞手法，但这里"成"和"沉"的相似发音使这种修辞手法基本得以保留。）

7. 安格斯·威尔逊是一位社会讽刺作家，他总是迫不及待地发射出讽刺的子弹。小说就是他的射击场，他刻画的用来当作靶子的人物不仅在性格上有着严重缺陷，而且在思想感情上也存在各种问题。

（译文保留了源文中的暗喻，但没有保留源文中的仿词。固定短语 have clay feet (have feet of clay) 的意思是"某人性格上有严重缺陷"，源文在 have clay feet 之后顺势造出 clay minds and clay hearts，与汉语中的仿词类似，例如，文化→武化，促进→促退，等等。仿词能使语言生动活泼，但翻译时通常无法保留。）

8. 到处都是郁金香、黄水仙以及英国花园里常见的其他各种鲜花，白的，黄的，红的，橙的，争奇斗艳，绚丽多彩。

（保留源文中的拟人。）

9. 莫大的激动，微小的费用。

（保留源文中的押韵。）

10. 百看不如一穿。

（源文仿拟"Seeing is believing"，译文仿拟对应的"百闻不如一见"。）

三、

1.

花钱少。

不堵车。
从皮卡迪利广场到希思罗机场,打的约 10 英镑,坐地铁 1.55 英镑。
坐地铁,快如飞。

2.
在新英格兰,由于气温下降,电力需求的增加正抬高天然气的成本。
Eversource 公司就是来帮助客户管理账单的。

3.
水星保险公司需要在决定保险费率时更智能、自动化程度更高,但他们的核保师不是技术专家。是 FICO 平台提供了解决方案。
"与 FICO 合作使水星保险公司焕然一新。"来自水星保险公司的凯文·贝利说。
FICO 平台为业务赋能……
无须 IT,用户就可以制定和调整规则。
FICO 提升了水星保险公司的工作成效,摆脱了 IT。
下载这一案例,了解更多吧!

第六章

一、

1. 背对背信用证(又称转开信用证、从属信用证、桥式信用证)
2. 跟单信用证
3. 光票信用证
4. 余白信用证
5. 预支信用证
6. 红条款信用证(绿条款信用证)
7. 跟单托收
8. 承兑信用证(承兑交单)
9. 抵押物监控代理
10. 货运代理

二、

1. 兹为桔柚进出口公司(开证申请人)开出以你方为受益人的 2677 号不可撤销备用信用证,根据由中国工商银行深圳支行批准向注册地位于深圳硅谷工业区 22 号的动态电子公司(借款人)提供的贷款服务,本信用证担保向中国工商银行深圳支行偿付本金、利息、成本和各项费用最高不超过 500,000 美元(大写伍拾萬美元)。

2. 我方开立的不可撤销备用信用证在到期日前一直有效,且无论承包商拖欠我方什么款项,亦无论我方会否对承包商提出其他索赔,其有效性均不受影响。

三、

应 ＿＿＿＿＿＿＿＿＿＿＿＿＿＿＿＿＿（开证申请人）的要求，我方特此为其开出以 ＿＿＿＿＿＿＿＿＿＿＿＿＿ 为受益人、金额为 ＿＿＿＿＿＿ 美元的不可撤销信用证，作为受益人根据第 ＿＿＿＿＿＿ 号标书宣布于 ＿＿＿＿＿＿（日期）开标的投标保证金。

我方，＿＿＿＿＿＿＿＿＿＿＿＿＿＿＿（银行名），特此保证支付本信用证下的上述金额，但受限于以下条件：

开证申请人尽管中标，但完全出于自身原因不与受益人签订合同，相应的投标保证金因此会被受益人收回，在这种情况下，上述金额应通过你方银行支付给受益人。

本信用证的有效期到 ＿＿＿＿＿＿（日期）为止，逾期便自动失去效力。

开证申请人未中标时，本信用证应立即完全解除付款责任。

第七章

一、

1. 合同标的
2. 违约
3. 解约
4. 主体的变更；权利义务的整体转让
5. 法人
6. 赔偿请求人
7. 不正当竞争
8. 不可抗力
9. 连带责任
10. 不损害其他权益；无损于合法权利

二、

1. 学院教授的头衔是 MIT（麻省理工学院）的全体教师及行政部门授予同事的荣誉，要获得这一荣誉，只有在本学院或更大学术团体的科研、育人以及整个学术生涯中引领卓越、业绩突出、贡献超群。（条件关系）
2. 行为主义者认为，若成长环境中有许多形成恰当反应能力的刺激因素，儿童就会经历更高水平的智力发展。（假设关系）
3. 合同价格不再上调，完成工程的成本风险应由承包商承担，承包商认可合同价格时应视为其已获得全部信息并已把所有可能影响成本的因素考虑在内。（因果关系。翻译时通常省略连接词"因为"。）
4. 电子计算机虽然有许多优点，但它们不能进行创造性的工作，也代替不了人。（转折关系。许多翻译初学者会译为"有许多优点的电子计算机不能进行创造性的工作，也代替不了人"，这种表述使电子计算机的优缺点未形成对比，不能很好地体现源文中的逻辑关系。）

5. 为使退换货流程更为简单，我们以极低的费用提供上门收货服务。（目的关系）
6. 第三世界国家出口矿物和热带农作物，以换取所需的外汇。（目的关系）
7. 资产支持证券是一种债券，其发行的依据是某特殊目的机构中的指定资产池所产生的现金流，而不是公司的一般信誉。（解释说明关系）
8. 公司的政策是，若进行预期能提供所需回报的投资后有所盈余，将通过派发股息和（或）回购股份，向股东返现。（假设关系。定语从句中又套了一个定语从句，其字面意思是派发股息等"对能提供所需回报的预期投资机会来说有所盈余"，隐含意思即"假若有所盈余，就会……"。）

三、

1. 如果本合同任何一方因不可抗力不能履行或推迟履行本合同规定的任何义务，他可将构成不可抗力的情况和因此不能履行或推迟履行的义务通知另一方。只要这些情况还存在，发出通知的一方就可根据具体情况免于履行或推迟履行这些义务。
（提示：本句是 if 引导的条件状语从句，主句相对较长，可在紧挨 the party giving the notice 的 and 处将主句切分为两大部分，然后再逐一分析。另外，句中 thereby 可理解为 by that，其中 that 即回指 force majeure；居于主句第二大部分的 thereupon 可理解为 upon that，其中 that 即回指主句第一大部分的内容，翻译时可忽略不译；as the case may be 是插入语，意即"根据具体情况"。）

2. 本协议任何一方，除非被任何具合法管辖权的法庭强令披露，无论在本协议终止之前或之后，均不得向未获相关一方授权的任何人（己方的董事、高级职员、审计员、会计师除外）泄露己方在协议存续期间获悉的涉及相关一方或其事务的任何信息。协议双方均须尽最大努力防止上述泄密发生。
（提示：本句可在 and 处切分为并列的两大部分。第一大部分比较复杂，可先理清主干，即"Neither of the parties shall disclose to any person any information"，其中谓语动词 disclose 前有两个状语，间接宾语 any person 后有一个插入语和一个后置定语，直接宾语 any information 后有一个 -ing 分词短语后置定语和一个定语从句后置定语。）

四、

定义。"保密信息"指符合如下条件的任何信息、技术数据或专有技术：(i) 标记为保密信息；(ii) 披露方以口头或书面形式告知接收方为保密信息；或 (iii) 由于其特点与性质，理性人会在类似情况下将之视为保密信息。这些信息、技术数据或专有技术包括但不限于与研究、产品、软件、服务、研发、发明、工艺、设计、营销、技术、客户、定价、内部流程、商业或营销方案或战略、财务、雇员和商业机会相关的信息，它们由披露方直接或间接地以任何形式披露给接收方，包括但不限于书面形式、以口头或影像方式存在的机器可读形式或其他有形形式（后续形成书面形式）。

第八章

一、

1. 联席保荐人
2. 联席账簿管理人
3. 联席牵头经办人
4. 发行在外的股份
5. 未清偿的债务
6. 股利分配政策
7. 营运资本
8. 低价股
9. 私募融资
10. 现金股利；现金红利；现金分红

二、

1. 在任何根据当地法例<u>不得发送、分发或复制本招股说明书</u>的司法权区内，<u>不得以任何方式发送、分发或复制本招股说明书</u>（不论全部或部分）。
2. 阁下的申请一经接纳，概不得撤回。
3. 就此而言，刊发分配结果通知即构成接受未被拒绝的申请。
4. 银行本票须<u>由香港持牌银行开出</u>，并由有关银行授权的人士在其背面签署以核实阁下的姓名。
5. 这种费用<u>是根据收入高低滑动折算的</u>。

三、

　　包销商将收取所有发售股份（包括行使超额配股权而将予发行的任何发售股份）发售价总额1.23%的包销佣金，并从该包销佣金中支付一切分包销佣金和其他费用。

　　包销商可获得不超过所有发售股份（包括行使超额配股权而将予发行的任何发售股份）发售价总额0.5%的酌情激励费。

　　任何未获认购的香港发售股份若重新分配至国际发售，则包销佣金将不会支付给香港包销商，而将按适用于国际发售的比率支付给相关国际包销商。

　　假如每股发售股份的发售价为发售价范围的中位数20.45港元，酌情奖励费悉数支付，超额配股权充分行使，那么全球发售应付予包销商的包销佣金总额将约为2.238亿港元。

　　假如每股发售股份的发售价为发售价范围的中位数20.45港元，超额配股权未获行使，酌情奖励费悉数支付，那么包销佣金及费用，包括香港联交所上市费、证监会交易征费、香港联交所交易费、法律及其他专业费用、与全球发售相关的印刷及所有其他开支，总额估计约为人民币2.068亿元，这将由本公司支付。

第九章

一、

1. 公允价值变动
2. 财务指标
3. 总收益
4. 毛利率
5. 员工薪酬开支
6. 无形资产
7. 负债净额
8. 资产负债表外融资
9. 关联交易
10. 预收款项

二、

1. 在新冠疫情之前的 10 年里，一家平常的公司收入每年同比略微增长 2.8%，只有八分之一的公司显示每年同比增长超过 10%。
2. 服装及配饰等传统产品的出口同比增长仅为 2.8%。
3. 12 月出口额同比跃升了 14%，增速为 7 个月来最快，11 月仅同比增长 2.9%。
4. 消费者价格 4 月份同比上涨 2.8%，涨幅为 18 个月以来的最快，房地产价格也同比暴涨了 12.8%。
5. 根据商务部第二次给出的国内生产总值（GDP）数据，该全球最大的发达市场第三季度同比增长 3.2%。
6. 出口额 6 月份为 206.1 亿美元，同比暴跌 21.18%，跌幅突破了路透社调查预计的 18.85%。
7. 有必要在今后 5 年内将研究资金扩大到目前水平的 2~3 倍。
8. 公司第四季度综合净利润增长了三倍，这得益于国内和国际市场的强劲销售。
9. 2020—2021 财年，该轮胎巨头公布净利润为 86 亿美元，比 2019—2020 财年的 158 亿美元少了一半。
10. 混合动力汽车和电动汽车的销量越来越多，制造太阳能电池板的成本也降到原来的二十分之一。
11. 联合循环发电的成本降至 $400~500/kW，是传统电厂的一半。
12. 今年管理开支降低了三分之二。
13. 本公司网页的浏览人次到年末已突破千万大关，这就是说，每日浏览量约达三万人次之多。（概数强调网页浏览量大。）
14. 投资回报也可观，股权内部收益率接近 20%。（概数强调收益率高。）
15. 德国的零售额出人意料，7 月份预期负增长 0.5%，而实际负增长 4.3%。（使用委婉语。）

参考答案

三、

2022 年及 2021 年，各年度截至 12 月 31 日，每股基本收益是这样计算的：将年内本公司所有人应占的利润除以已发行普通股的加权平均数。

	截至 12 月 31 日的年度	
	2022 年 人民币千元	2021 年 人民币千元
本公司所有人应占的利润净额	2 474 030	19 339 321
已发行普通股的加权平均数（千股）	24 828 316	24 927 461
每股基本收益（以每股人民币元表示）	0.10	0.78

每股摊薄收益是这样计算的：假定所有摊薄性潜在普通股都转换成普通股，从而调整流通普通股加权平均数。由于计入来自可转换债券的潜在普通股可能具有反摊薄效应，因此计算每股摊薄收益时未将之计入在内。

2022 年及 2021 年，各年度截至 12 月 31 日，本集团附属公司和联营公司授出的股票期权及限制性股份对本集团的每股摊薄收益或具有反摊薄效应，或摊薄效应不大。

	截至 12 月 31 日的年度	
	2022 年 人民币千元	2021 年 人民币千元
本公司所有人应占的利润净额	2 474 030	19 339 321
已发行普通股的加权平均数（千股）	24 828 316	24 927 461
授予雇员限制性股份及股票期权的调整（千股）	468 412	569 667
收购 XX 公司股份代价的调整（千股）	655	12 303
计算每股摊薄收益的普通股加权平均数（千股）	25 297 383	25 509 431
每股摊薄收益（以每股人民币元表示）	0.10	0.76

第十章

一、

1. 广交会落幕 交易额激增
2. 大型科技股在第一季度保持稳定 其他大多数股票却没有那么幸运
3. 面对经济增长放缓的迹象 中国采取新措施未雨绸缪
4. 汽车芯片持续短缺 宝马迷你销量暴跌
5. 如果通货膨胀持续放缓 美联储可能春季前降息
   （英文标题较长，Waller Raises 并非主要信息，而且可能很多中文读者并不熟悉美联储官员 Waller，翻译时可以删去）
6. 流媒体音乐服务平台 Spotify 将裁员 17%（增加注释性信息"流媒体音乐服务平台"）

7. 中国和安哥拉签署投资保护协定
8. 商务部称近期中欧贸易摩擦与贸易战无关
9. 柬埔寨高级官员和专家称区域全面经济伙伴关系格外促进区域贸易发展
10. 美国捷蓝航空收购精神航空遭到司法部起诉
    法院即将裁决是否允许航空公司进一步合并

（这是美联社 2023 年 12 月 5 日发布的网络新闻。该标题用破折号在中间切断引入补充说明性信息，并且不像其他英文新闻标题那样使用省略，故而比较长，但在网站上排版成比较齐整的两行。翻译时可以考虑将中文标题做成整齐美观的两行。）

二、

1. 新能源汽车甚至增长得更快。中国汽车工业协会表示，新能源汽车产量和销量在 11 月份首次各超过 100 万台。

2. 去年，经济从 1—3 月以年化 1.6% 的速度收缩，从 4—6 月又进一步收缩 0.6%。（这）连续两个季度的经济收缩让人们担心衰退可能已经开始。

3. 沃勒被认为是位相对"鹰派"的官员，这就是说，他通常更喜欢提高利率以对抗通货膨胀，而不是降低利率以促进就业率提升。在一定程度上，他也是美联储整体利率制定委员会的领头羊。

4. 美联储官员此前表示，通胀降温将导致美联储降息。这是因为，央行美联储的基准利率本是调节通胀的，通胀下降就实际上使之升高了。同时，美联储的关键利率会影响抵押贷款和信用卡之类的消费和商业贷款利率，更是成为经济的绊脚石。随着通胀放缓，美联储降低基准利率，就是为了使通胀调节在一个稳定水平。

三、

美联储转向降息　道指创历史新高

纽约（美国有线电视新闻网）：美联储今年最终政策出台后，美国市场周三下午飙升到更高点。

道琼斯指数上涨 1.4%，收于 37 090.24 点，大大突破了将近两年前达到的 36 799.65 点这一历史最高收盘点位。

激进加息将近两年之后，美国央行宣布将保持利率稳定，并预计 2024 年将三次降息，在华尔街对此感到欢欣鼓舞时，标准普尔 500 指数上涨 1.4%，纳斯达克指数也上涨 1.4%。

由于周三的股市飙升，道琼斯指数今年迄今涨幅达到 11.9%。标准普尔 500 指数 2023 年迄今涨幅也达到 22.6%，距历史最高点约差 2%。以科技股为主的纳斯达克综合指数今年迄今已猛涨了 40% 以上。

美联储官员透露近期将降息后，油价也上涨超过 1%，让市场松了口气。之前，由于担心美联储不会降息，作为国际和美国基准的布伦特原油和 WTI 原油均收于 6 月份下旬以来的最低水平。

随着市场飙升，考查市场情绪七个指标的美国有线电视新闻网商业恐惧与贪婪指数发生了巨大变化，处于"贪婪"区域。一个月前，这一指数还处于"恐惧"区域。

　　RSM 会计师事务所首席经济学家约瑟夫·布鲁苏拉斯 (Joseph Brusuelas) 周三在一份材料中写道："12 月份政策会议的主要信息是，美联储预计要实现软着陆和充分就业，并打算在 2024 年将联邦基金政策利率下调至少 75 个基点，以支持企业不断扩张。从我们的角度来看，这大概是央行能送给投资界、决策层和公众的最好节日礼物。"

　　美联储预计将放松利率后，美国国债收益率跌至 8 月份以来最低水平。10 年期国债收益率下跌约零点二个百分点，至 4.018%。

　　下面来看企业新闻。工艺品在线零售平台 Etsy 宣布将裁员约 11% 之后，其股价下跌 2.2%。该公司表示，裁员是因为经济环境充满挑战。特斯拉的股价上涨近 1%，尽管该公司失去了部分 Model 3 汽车的消费税抵免，并因自动驾驶问题召回了 200 多万辆汽车。辉瑞发布弱于预期的 2024 年指南后，其股价下跌了 6.7%。

教师服务

感谢您选用清华大学出版社的教材！为了更好地服务教学，我们为授课教师提供本学科重点教材信息及样书，请您扫码获取。

❯❯ 最新书目

扫码获取 2024 **外语类**重点教材信息

❯❯ 样书赠送

教师扫码即可获取样书